KB070990

짱 교수의
바로 아는
수맥 이야기

짱 교수의

바로 아는 수맥 이야기

장병식 지음

사람의집

소리에 놀라지 않는 사자처럼
그물에 걸리지 않는 바람처럼
진흙에 더럽히지 않는 연꽃처럼
무소의 뿔처럼 혼자서 가라.
—『숫타니파타』중에서

머리말

새로운 시작은 항상 즐겁고 설렌다. 20대 초반에 읽게 된 이종창 신부님의 『수맥과 라디에스테이지』라는 책 한 권이 수맥학과의 첫 만남이었다.

긴 세월 의미 있는 학문이라 생각하여 부딪쳐 보고 탐구한 결과 수맥은 천사와 악마의 두 얼굴을 가지고 있다는 사실을 확신하게 되었다. 천사적인 측면으로 보면 수맥에서 용출된 물은 인간의 생명을 유지해 준다. 악마적인 측면으로 보면 지하 수맥은 수직으로 수맥 유해파를 방출하여 그 위에 있는 거의 모든 생명체와 건축물들에 치명적인 폐해를 입힌다. 인간의 건강과 장수를 위한 필요충분조건으로서 수맥학의 중요성은 아무리 강조해도 지나침이 없다.

공부하면서 가장 어려운 점은 스승이 계시지 않다는 점이었다. 제대로 수맥을 찾아 물 부족으로 죽어 가는 사람들을 도와주고 싶어도 어떻게 수맥이 있는 곳을 정확하게 감정할 수 있는지 가르쳐 주는 교육 기관이 없고, 수맥 감정봉을 어떻게 사용하는지 알려 주는 교육 시스템도 존재하지 않았다.

뛰어난 수맥 감정 능력을 갖추신 이종창, 임응승 두 신부님도 시스템을 만들어 후학 양성을 하지 못하고 소임을 마치신 걸로 알고 있다.

독학은 두렵고 안타깝고 피곤했다. 내가 하는 방법이 올바른 것인가? 이 방식으로 교육 시스템을 만들면 일반인도 수맥 지점을 제대로 찾을 수 있을까? 내가 만약 틀리면 누가 지적해 줄 것인가? 왜 제대로 배울 수 있는 책조차 없을까?

파란만장한 세월을 거치며 수맥학은 왜 아직도 학문으로 제대로 대접받지 못하고 있을까? 감정하는 사람마다 수맥학을 연구한다고 하면 많은 사람이 풍수지리학과 혼동하거나 심지어 지관으로 오해하기도 한다.

풍수지리학은 효 사상에서 비롯된 것으로 조상의 산소를 좋은 명당에 쓰면 후손들에게 동기 감응의 이론으로 좋은 영향을 미친다는 것이다. 최고의 이장 전문가로 알려진 벽계 조수창 님의 이장 현장을 여러 차례 답사하며 소위 명당에서만 나온다는 혈토(목토, 화토, 토토, 금토, 수토, 오행토) 6종의 각각 다른 색깔의 흙도 구경할 수 있었다. 오렴(수렴, 목렴, 화렴, 풍렴, 충렴) 속에 있는 유골의 충격적인 모습도 볼 수 있었다. 오렴 속의 유골을 혈토가 나오는 명당으로 거액의 비용을 들여 이장하는 전 과정을 보며 여러 가지 생각이 들었다.

과연 이장한 산소의 후손들은 건강하고 부귀영화를 누릴까? 수맥(수렴)이 없어야 명당이라는데 우리나라 평균 수맥이 있는 땅의 비율이 약 75~80퍼센트이니 10억 개의 산소가 있으면 그중 약 7억 5천 개에서 8억 개가 수맥 위에 있는 셈이다.

수맥이 그렇게 많아서 소위 명당이 드문데도 어떻게 우리 민족은 분단 속에서도 세계 10위권 이내의 선진국이 될 수 있었을까? 내가 잠자는 방의 수맥이 뇌파를 교란하여 자주 깨며 악몽을 꾸고 면역력의 복구를 방해하여 질병에 취약한 상태라면, 수맥을 차단해 개선하는 것이 낫지 않을까? 수맥학을 제대로 배워 지하수를 개발하여 물 부족으로 죽어 가는 아프리카 사람들을 도와주는 게 낫지 않을까?

죽은 사람을 위한 학문보다 산 사람의 건강과 행복을 위한 수맥학이 더 보람 있겠다고 생각하여 명당 찾는 법을 조건 없이 전수해 주겠다는 벽계 선생의 제의를 거절했다.

수맥을 공부하면서 가장 보람을 느낀 것은 불임 부부들의 침실을 감정하여 침대 위치를 옮겨 주거나 수맥을 차단하여 지금까지 30여 명 이상의 건강한 신생아를 탄생하게 하는 데

일조했던 점이다.

나는 부산에서 개인 사업을 하다 서울로 올라와 출판사를 운영하던 중 한양대학교 미래인재교육원으로부터 제의가 와서 〈수맥과 팔체질〉이라는 융합 학문을 나름 창시하여 18년간 34기(봄가을 학기)째 강의를 이어 오고 있다. 약 600여 명의 수강생을 만나 같이 연구하고 토론하고 현장 실습을 통해 수맥 찾는 법을 찾아내고 세월의 연륜이 더해져 세계 유일의 수맥 교육 시스템을 창안해 낼 수 있었다.

인간 생활의 3대 요소인 〈의식주〉의 개선을 통해 〈100세 건강 시대〉를 열어 가기 위해 〈수맥과 팔체질〉이라는 이질적인 두 학문을 같이 배워야 한다고 생각한다. 즉 내게 맞는 색깔의 옷을 입고(의생활), 내게 좋은 음식과 건강식품을 골라 먹고(식생활), 수맥이 없는 곳에서 편히 잠을 자면(주생활) 건강하고 행복한 장수의 시대를 열 수 있다고 확신한다. 또한 새로운 장르의 융합 학문이 시작되는 순간이라 생각한다.

〈팔체질학〉은 사상 체질에서 유래한 한의학의 중요한 분야이다. 『동의수세보원』을 통해 세계 의학사에 큰 획을 그은 동무 이제마 선생께서 생전에 〈체질 감별법〉을 남기지 못하시어 후학들이 감별법을 잘 몰라 개인의 체질을 객관적으로 감별할 수 없어 국민 건강에 악영향을 미치고 있는 현실이 참으로 안타깝다.

우리나라 체질 의학의 대가인 권도원 박사님과 이명복 교수님의 노력과 성과에 더해서 나름 〈6단계 체질 감별법〉을 창안하여 3만여 명 이상의 일반인 체질을 감별해 오면서 얻은 귀납법적인 이론과 사례들은 차후에 나올 『짱 교수의 바로 아는 팔체질 이야기』에서 밝힐 계획이다.

　이 책 『짱 교수의 바로 아는 수맥 이야기』가 우리나라 수맥학의 초석을 다듬고 공인받는 학문으로 가는 장정에 작은 주춧돌이 되기를 바라며, 미완인 부분과 부족한 부분은 힘닿는 한 메꾸고 보완해 나갈 것을 약속드린다.

2023년 1월의 문턱에서

장병식

차례

제1장
수맥 이야기

1. 인간과 물

창조적 원천으로서의 물 이야기는 고대로부터 여러 신화 속에서 전해져 왔다. 물은 모든 것이 시작되는 근원으로써 여성의 생산적 원리를 상징하며, 지구상의 모든 생명체에 생명력을 부여하고 만물을 활성화한다.

인체에서 물이 차지하는 비율은 사람마다 다 다르기는 해도 무려 60~80퍼센트나 된다는 것은 물이 인간의 생존에 얼마나 중요한지를 말해 준다. 무리한 운동이나 과로 등의 이유로 인체에 필요한 수분이 크게 부족한 상태가 되었을 때 적정량의 수분을 공급해 주지 않으면 인체가 정상적으로 작동하지 못하여 자칫 생명에 위협을 받는 일조차 생긴다. 물을 떠난 인간은 이미 생존 그 자체가 불가능해지는 것이다.

물은 또한 자연계 모든 생명체의 생존과도 직결된다. 식물이 생명 보존의 방식으로 물을 찾는 방법은 꽤 강렬하다. 예로 고온 다습한 저지대의 식물은 뿌리를 얕게 내리지만 저온 건조한 고지대에 사는 식물일수록 뿌리가 땅속 깊숙이 물을 찾아 내려가게 된다.

문명에 이르는 길에서 어느 것 하나 물의 혜택을 벗어날 수 있는 것은 없다. 인간의 문화가 발달하면 할수록 물의 수요량은 놀라운 폭으로 급증하며 그 효용 가치 또한 올라간다. 그런데 인간의 이기심으로 추진된 문명의 발달은 오히려 자연을 파괴하고 물 오염을 초래하여 결국에는 물 부족 현상을 부추기는 주요 원인이 되었다. 산업체에서 나오는 폐수는 땅을 썩게 만들고, 강과 바다로 흘러들어 급기야 식수마저 점령해 인간의 생명을 위협하게 되었다.

이제 와서 물이 오염되어 자연계가 폐허로 되어 가는 것을 지켜보는 것만으로는 물 오염 문제 해결에 전혀 도움되지 않는다. 근본적인 해결을 위한 방안을 범세계적으로 마련하여 물 오염을 막고 깨끗하게 보존하는 길만이 최선이라 여겨진다.

이 책에서는 최근 그 문제의 심각성이 논의되고 있는 수돗물 안전성이나 수질 오염, 물 부족 현상 등 가시적인 문제만을 이야기하고 그치려는 것이 아니다. 공공연하고 익숙한 존재로 드러나지 않으면서도 인간 생활 전반에 걸쳐서 긴밀하게 연관된 지하수, 즉 수맥에 관한 이야기를 하고자 한다.

인류는 그 태동 이후 수맥의 영향권에서 한시도 벗어나지 못했다. 인류가 물의 문명 속에서 성장하고 생명을 유지해 올 수 있었다는 것은 곧 수맥의 영향권 속에서 살아왔다는 증거나 다름없다. 필요 불가결한 요소인 물은 인간이 그 속성을 제대로 파악하여 활용하지 못할 때는 도리어 인간의 건강뿐 아니라 주변 환경에 이르기까지 광범위한 부분에 걸쳐 치명적인 해악을 끼친다는 이중성을 지니고 있다.

모든 사물이 그렇듯이 물에도 강(强)과 약(弱)이라는 양면성이 있다. 이 세상에서 가장 약한 것은 어쩌면 〈물〉일지도 모른다. 그저 말없이 흐르는 물은 그만큼 애처롭고 수동적이다. 그러나 이 세상에서 가장 강한 것 또한 물이다. 폭풍우까지 동반하여 허연 머리채를 풀고 덤벼들면 대지를 다 집어삼킬 듯이 두렵기만 하다.

전자가 물의 선한 측면인 에너지의 승화라면 후자는 물의 악한 측면인 에너지의 강렬한 파동이라 말할 수 있다. 이러한 물의 이중적 속성을 파악하기 위해서는 먼저 수맥의 존재에 대한 인식과 이해가 앞서야 한다. 그런 연후에야 수맥의 폐해에 대한 대처 방안이 모색될 수 있다.

2. 수맥이란 무엇인가

산소와 수소의 화합물인 물은 상온에서 무색, 무취, 무미의 액체로 존재하며 하천수, 바닷물, 온천수, 빗물, 광천수 등으로 불리며, 크게 지표수와 지하수로 구분된다.

지표수는 일상생활에서 흔히 볼 수 있는 물, 즉 지표에 있는 모든 물로 하천, 호수, 운하, 해양 따위의 물을 통틀어 일컫는다.

지하수는 땅속의 토사나 암석 등의 빈틈을 채우고 있는 물이다. 빗물이 땅속에 스며들어 고인 것으로 지하에 존재하는 모든 물을 가리키는 광범위한 말이기도 하다. 지하수는 비가 올 때 흐르다가 비가 그치면 말라 버리는 건수와 강우량에 관계없이 수맥을 통하여 사시사철 흐르는 생수로 구분된다. 수맥이란 폭이 좁은 지층을 따라 맥상(脈狀)으로 존재하는 지하수를 말한다.

습곡 운동이나 단층 작용에 의해 변화된 지형은 물의 순환작용으로 지표면에 물이 흐르면서 침식 작용과 퇴적 작용을 하게 되고, 오랜 세월 이것을 반복하며 각종 유기물과 무기물, 즉 암석, 토사, 화석 등의 침적으로 지층이 형성된다. 이때 지층은 기반에 대하여 서로 충돌하는 사태가 일어나는데 이 현상으로 자연히 중앙 부근에는 입자가 큰 물질이 가라앉아 쌓이게 되어 하나의 줄기를 형성하며 이것을 수맥이라 한다. 또는 하천의 퇴적 작용에 의해 모래, 또는 자갈층이 지하로 매몰되면서 하천이 있던 곳으로 하나의 맥을 형성하게 되는 경우도 있다.

3. 수맥의 이용

우리나라 연평균 강수량은 세계 평균에 비하면 비교적 많은 편이다. 그러나 여름 한 철의 집중 호우로 인해 직접 지표면에 유입된 지표수가 일시에 바다로 흘러들어 가기 때문에 실질적으로는 중요한 수자원의 낭비가 심한 편이다. 그에 반해 많은 양을 보유한 채 지하에서 서서히 흐르는 지하수는 인간 생활에 필요한 수자원으로써 높은 효용성을 지닌다. 그 효용성은 식수, 생활용수, 공업용수, 건강용수 등에 이르기까지 우리 생활 전반에 걸쳐 나타난다.

건수는 수원(水源) 자체가 짧고 수맥을 통하여 연결되지 않았기에 여과되지 못하고 모여 있으므로 수질이 절대 좋지 않다. 아무리 좋은 우물을 깊게 판다 하더라도 조금만 가물게 되면 우물물은 금방 말라 버리거나 수량이 점점 줄어들고 만다. 심지어 주변의 오수, 가축 폐수, 화학 비료 따위가 하수도를 통해 흘러가다 지하로 스며드는 경우 그 물은 오염될 수 있으므로 건수를 이용한 식수는 안전성 면에서 적합하다고 볼 수 없다.

지하수는 수맥을 통하여 섭씨 15~16도의 수온을 가지고 흐른다. 지하수 대부분은 일단 지표에 내려진 빗물 등이 수맥 파괴 현상에 의하여 생긴 틈을 통하여 지하로 스며들어 가서 형성된다. 이때 수맥으로 스며든 빗물이 기존 수맥층에 채워져 있던 물과 섞이는 과정에서 각종 지표의 성분도 아울러 유입된다. 하지만 흙층, 사력층, 연암층, 경암층 등을 통과하면서 자연 여과되는 훌륭한 과정을 거치면서 깨끗한 물로 변하여 저장되고 지층으로 아주 서서히 움직인다. 그런데 진원지로부터 흘러든 물은 분출구를 찾지 못해 수맥을 통하여 무한으로 흘러가다가 어느 특정 지역에 도달하면 비로소 지상으로 분출된다.

한편 다 같은 수맥이라 하더라도 수맥을 통하는 곳이 어디인가에 따라 분출되어 나오는 물은 달라진다. 마그마층 가까운 곳까지 통한 수맥으로부터 분출되는 지하수는 온천수가 되는 것이고, 암반층만을 따라 흘러가다 솟구치는 지하수는 생수나 약수 또는 광천수가 되며, 물이 흐르는 곳이 석회암 지역이면 탄산수가 된다.

수맥을 통하여 분출된 물은 자연 정화된 양질의 물이기에 수질에 따라서는 즉석에서 음용도 가능하다. 최근 생수라는 이름으로 우리 생활 속에 밀접하게 파고든 광천수가 그 좋은 예이다. 이렇듯 물이 흐르는 곳에는 반드시 수맥이 있게 마련이며 수맥에서 나오는 물은 좋은 식수가 될 수 있다.

4. 수맥의 폐해

부정적인 측면에서 바라볼 때 수맥은 인간 생활 구석구석에서 광범위하고 치명적인 해악을 끼친다. 다시 말해서 물은 인간에게 있어 필요 불가결한 요소이면서 동시에 그 속성상 인간에게 크나큰 해악을 끼칠 수 있다는 이중성을 지닌다.

모든 생명체에 생명력을 부여해 주는 원천인 물을 흔히 인체 내의 혈액에 비유하곤 한다. 인체 내 혈액의 끊임없는 순환 작용으로 사람은 생명을 유지한다. 그리고 그를 통하여 인체는 필수적인 산소와 영양분을 공급받아 건강을 유지하고 삶의 활력을 되찾게 된다. 수맥 또한 혈관과 같아 순환 작용을 계속한다. 온몸의 조직에 거미줄같이 퍼진 핏줄을 거느리고 혈액 순환을 거듭하는 혈관처럼 수맥도 지하 깊숙한 곳에서 미세한 물줄기들을 모아 거대한 흐름을 만들어 쉬지 않고 순환한다.

이처럼 끝없는 순환 작용을 하기 위해서는 그 양에 있어서도 방대해야 할 것이다. 그러나 지표 위에 내려 굳은 지각을 뚫고 들어가는 적은 양의 빗물만으로는 그 양을 감당하기에 턱없이 부족하다.

생명체가 대자연 속에서 자기 생명을 유지하고 발전시키려는 자가 보존의 욕구는 자연의 기본적인 원리이다. 그것은 수맥에서도 예외가 될 수 없어 수맥 역시 계속해서 물줄기를 확보하려는 본능적 욕구를 탐욕스럽게 채워 간다.

즉 수맥에서 발산하는 방사 자력의 자체 운동 결과로 자력이 미치는 수직선 위에서는 파괴 현상이 일어나게 되는데 이때 지표 사이에 미세한 균열이 생기고, 그 사이로 지상으로부터 빗물 등이 스며들어 이것에 의해 수맥은 그 생명력을 부여

받을 수 있게 된다. 이로써 지하수의 물 공급은 한 번도 중단되지 않았고 지구도 일정량의 물을 항상 보유할 수 있게 되었다.

그동안 수맥은 식수, 온천수, 농업용수, 공업용수 등의 긍정적인 측면에 국한되어 알려져 왔고, 그런 일반적이고 보편적인 편견은 수맥이 인간 생활에 폐해를 끼치는 악마의 얼굴을 지녔다는 사실을 깨닫는 데 많은 시간을 허비하게 했다.

수맥은 엄청난 괴력을 발휘하여 주택, 사무실, 삼림, 묘지 등을 가리지 않고 해를 끼치고 있다. 수맥 위에 있는 주택 담장에 금이 가고, 그 위에서 장기간 기거한 사람이 별다른 원인 없이 지병이 생겨 시름시름 앓으며 살아가는 것을 주위에서 자주 접하게 된다. 수맥 위에서 성장한 수목은 결국엔 고사목이 되어 버리는 등 일상에서 수맥과 관련된 사례들은 수없이 많다.

이 같은 점으로 미루어 끊임없이 반복하며 순환되고 채워지려는 수맥이 그 힘을 지상으로 발하게 되면 사람이든 건물이든 그 무엇이 되었든 간에 그것이 파괴된다는 사실을 알 수 있을 것이다.

지상으로 발산된 수맥의 힘이 미치는 범위는 거의 무한대에 가까울 정도이다. 아직은 그 힘의 한계에 대해 명확히 밝혀지지 않았기에 한마디로 단정 짓는 것은 다소 무리가 있다. 그러나 이미 밝혀진 근거만을 놓고 본다고 해도 수맥의 엄청난 괴력은 그 힘이 뻗어가는 수직선상에서 높이에 상관없이 일정한 영향력을 행사한다는 것을 알 수 있다.

수맥 위에 지어진 건물은 그것이 단층 주택이건 고층 빌딩이건 똑같이 균열 현상을 일으킨다. 그리고 고층 아파트에 사는 사람들의 경우 1층에 사는 사람이건 50층에 사는 사람이건 수맥의 영향으로 잠을 설치거나 두통을 호소하고, 나아가 심각한 질병에 걸리는 것에 누구든지 예외가 없다.

물론 이것은 수맥에 지속해서 노출된 시간의 차이나 수맥 강도, 개인적인 수맥 민감도 차이 등 기타 여러 변수가 작용하지 않는다는 전제하의 이야기이다.

제2장
수맥과 인간 생활

1. 수맥이 인간 생활에 미치는 영향

수맥과 건강

수맥을 피하거나 차단하는 것은 최고의 예방 의학법이다. 수맥 유해파는 인체의 면역 기능 흐름을 방해하여 각종 질병에 취약하게 노출한다. 두통, 편두통, 불면증 등의 수면 장애를 일으켜 일상생활에 불편을 초래하고, 강도가 세지면 고혈압, 중풍, 심근 경색, 대사 증후군 등 각종 성인병의 원인이 되기도 한다. 또 병이 생겼을 때 가장 중요한 자연 치유력을 약화해 완치를 방해하기도 한다.

수맥과 수면

수맥 유해파는 뇌파를 교란하여 편안한 상태의 수면을 방해한다. 수면이 얼마나 중요한지는 포로에게 심문할 때 잠을 재우지 않는 것이 최고의 고문이란 점을 봐도 알 수 있다. 하루하루 편안하고 깊은 잠을 자야 인체의 자연 치유력이 활성화되고 면역 기능이 강화되는데 수맥이 있는 곳에서는 절대 편한 잠을 잘 수 없다.

수맥과 출산

한 가정을 이루는 데 2세의 존재는 가정생활의 핵심 요소이며 출산이 있어야 가정과 국가도 유지된다. 결혼 후 5년 이상 아기가 없고 병원에서 검사하면 이상이 없는 부부를 수맥 감정해 보면 90퍼센트 이상이 강한 수맥 위에서 잠을 자는 경우이다.

그동안 30여 이상의 불임 부부에게 수맥을 차단하여 아기를 낳을 수 있게 할 수 있었던 것도 수맥이 임신과 출산에 얼마나 큰 영향을 주는 것인지를 증명해 주는 사례이다.

또한 산모가 임신 기간 내내 수맥 위에서 생활하면, 지체 장애아, 지적 장애아 출산율이 30퍼센트 이상 증가한다는 외국의 통계 사례도 있다. 수맥 위에서는 산모가 난산이나 유산하기 쉽다는 연구 보고도 있다.

수맥과 상가

은퇴한 많은 직장인이나 자영 사업자들이 상가를 빌려 개인 사업을 시작하지만 자영업은 날로 경쟁이 치열해져 성공률이 10퍼센트에 못 미친다고 한다. 상가에 수맥 유해파가 흐르면 성공률이 5퍼센트에도 못 미칠 수 있다는 것이 나의 생각이다. 손님들이 트집을 잡거나 불평하고 직원들은 실수가 잦아져 손님에게 애먼 빌미를 제공하여 결국 매출에 지장을 주는 경우가 많이 생긴다.

주인과 간판이 자주 바뀌는 상가를 검사해 보면 수맥이 강한 경우가 많다. 비싼 임대료와 인건비에 시달리며 힘겹게 일하는 자영업자들을 볼 때 안타까운 마음이 들 때가 많다. 상가를 계약하기 전 반드시 수맥 감정을 해보라고 권하고 싶다.

수맥과 농업, 수산업, 축산업

농업의 경우, 나무는 수맥을 선호하는 종과 피하는 종으로 나뉜다. 수맥이 있는 곳에 선호 종을 심고 수맥이 없는 곳에 기피 종을 골라 심으면 생산성이 높아진다.

수산업의 경우, 어종 대부분이 수맥을 싫어한다. 육상이나 바다 위 가두리 양식장은 수직 지하의 수맥을 피해서 시설을 설치하면 집단 폐사를 막을 수 있고 성장 속도도 빨라진다.

축산업의 경우, 고양이를 제외한 가축 대부분이 수맥을 싫어하며 수맥이 있는 곳에서는 산란율과 번식률이 떨어진다. 축사를 지을 때 가장 먼저 유의해야 할 점이 수맥 감정이라고 생각한다. 수맥이 없는 곳에 축사를 지으면 자가 면역 기능을 유지해 항생제 남용도 막을 수 있다.

수맥과 건축

건축물은 수맥 위에 시공하면 건축물 자체의 내구성을 떨어뜨리고 금이 간다든지 기울어지는 경우가 생긴다. 교량이나 건물의 붕괴 사고 현장을 가보면 대부분 강한 수맥이 흐르고 있었다. 도로 역시 다른 부분보다 유독 갈라지고 내려앉은 곳에서는 거의 수맥이 발견되었다. 애초에 수맥을 피해 설계하면 매년 엄청난 금액의 보수 유지비를 절감할 수 있을 것이다. 또한 교차 수맥 위에서는 교통 사고율이 높다는 점도 고려해야 한다.

2. 수맥 유해파를 피하기 위한 대책

정확한 수맥 감정 교육

인간 생활에 무수한 피해를 주는데도 불구하고 사람들 대부분은 수맥의 실상을 제대로 알려고 하지 않거나 풍수와 비슷한 것쯤으로 가볍게 치부하는 경우가 많다. 이는 현재 수맥 간판을 내걸고 무분별하게 엉터리 감정을 하고, 수맥이 차단되지 않는 제품을 차단재라 속여 판매해 온 일부 악덕 업자들의 책임이 크다. 어느 지점에 수맥이 있는지 없는지는 100명이 감정하든 1천 명이 감정하든 그 결과가 같아야 한다. 또한 추로 감정하든 수맥 감정봉으로 감정하든 그 결과가 일치하여야 한다.

나는 일부 대학교 평생교육원에서 시행되는 수맥 교육이 각 대학의 정규 과정으로 편입될 수 있도록 수맥 관련 각 단체와 전문가들의 자성과 협력을 촉구한다. 난립한 교육 과정과 교과를 일원화하여 수강생 모두가 정확한 수맥을 감정할 수 있는 수맥 전문가로 양성해야 할 것이다.

수맥을 피해 사는 법

단독 주택의 경우 필지를 구입할 때부터 수맥이 없는 곳을 구입하는 것이 최선이다. 만약 상속받은 땅이거나, 부분적으로 수맥이 있는 필지는 수맥이 없는 곳에 건축물을 짓는다. 아파트의 경우 분양 시에 마감 공사가 진행되지 않은 상태의 바닥을 수맥 감정하여 수맥이 있는 부분에 차단판을 설치해야 한다. 만약 완공된 집을 사거나 전세로 입주한다면 후보지 몇 곳을 골라 전문가의 도움을 받아 결정하면 된다. 상가도 마찬가지이며 과수원, 축사, 어류 양식장도 그러하다.

효능이 확실한 수맥 차단재 사용

수맥에 대한 상식이 있다고 해도 수맥이 있는 곳에 정확한 차단재를 설치하지 않으면 차단 효과를 전혀 볼 수 없다. 비철 금속의 원판으로 순도 99퍼센트 이상, 두께는 최소 0.3밀리미터 이상이 아니면 차단 효과가 전혀 없다. 인터넷이나 청계천 등에서 동판을 구매할 때 꼭 순도를 확인하여야 한다.

3. 국가 정책적으로 시행해야 할 사항

다섯 가지 필수 요건

첫째, 각 대학교에 수맥학과를 창설하여 수맥 전문가를 양성하고 학문으로 공인받게 해야 한다.

둘째, 공공건물이나 LH 공사 설립 아파트를 건축 시 수맥 상황을 감정하여 설계에 의무적으로 반영하게 한다.

셋째, 보육원, 요양원, 복지 센터, 유치원 인가 시 수맥 감정 필증을 발급하고 수맥 차단 후 개원하도록 한다.

넷째, 전국 대형 병원의 병실, 특히 응급실과 중환자실은 반드시 수맥 감정 및 수맥을 차단하고 일반 병원 병실까지 확대해 시행한다.

다섯째, 정부의 각 부처에 수맥 감정관실을 신설하여 정책 입안 시 수맥 감정과 차단을 통해 예산을 절감하고 안전사고를 미리 방지하여 국민 건강을 증진하게 한다.

이상의 조치를 통해 효율성 있는 건강 복지 정책을 시행할 수 있고 국가 예산 절감 효과는 물론 국가 경쟁력에 크게 이바지할 수 있을 것이다.

제3장
수맥학의 유래

유래

수맥학은 고대 4대 문명 발상지를 중심으로 인류의 역사와 그 궤도를 같이해 왔으며, 수맥학의 유래를 시대별로 분류해 보면 다음과 같다.

고대

기원전 6000년경 아프리카 알제리 남부의 타실리 동굴과 남 아프리카 공화국의 프란바아크 동굴, 사하라 사막의 타드라 르트 아카쿠스의 고대 동굴 암각 벽화에 Y 로드를 사용하는 그림이 그려져 있다.

기원전 4000년경 이집트의 피라미드 유적에서 끈으로 펜 작은 공(혹은 추)이 발견되었는데 사제나 승려들이 수맥 찾기를 한 것으로 추측된다. 기원전 1700년 파라오였던 람세스가 버드나무 가지로 우물을 찾는 그림이 전해지고 있다.

중국에서는 기원전 3000~4000년 전 우물을 파기 위해 개암나무 가지를 사용했다는 기록이 존재한다. 기원전 2000년경 요순시대의 요임금이 백성을 위해 수맥을 찾아 농업을 번성시켜 태평 시대를 이루었다고 한다.

성경에는 모세가 이스라엘 백성을 이끌 때 지팡이로 바위를 쳐서 물이 솟아나게 하였다고 기록되어 있다(「출애굽기」 17장 6절, 「민수기」 20장 11절, 「이사야」 48장 21절).

중세

중세 유럽에서 빈번히 일어났던 악명 높은 마녀재판에서 막대로 점을 치거나 치료했던 사람들은 마녀로 판결하여 처형했으나 수맥 찾는 사람들은 살려 주었다는 기록이 남아 있다.

근대

17세기 프랑스의 장 드 샤스테르(광물학자)와 마르디니 드 베르트로(언어학자) 부부가 추를 이용하여 금, 은, 자수정, 납을 채굴하여 귀족 작위를 받았다. 19세기 튀렌, 보세, 트레브 등이 수맥과 광물 탐사를 하였으며, 근대 라디에스테이지(복사선 현상 연구)의 아버지라 불리는 메르메 신부가 수맥 탐사를 발전시켰다. 1986년 독일 정부가 뮌헨에 있는 대학에서 수맥 탐사가들을 모아 수맥 찾기 대회를 열었으나 일치도가 낮아 정규 학과 설립을 포기했다.

한국

1890년 개화기 때 선교 활동으로 건너온 프랑스 신부들을 통해 전파되었다. 프랑스 선교사이며 대구 대교구 주임 신부인 정도평 에밀리아노 신부는 한국 전쟁 직후 황폐한 농촌의 발전을 위해 수맥을 찾아 농업용수 개발에 이바지했으며, 헬기로 38선 부근 군부대의 수맥을 찾아 식수를 해결하여 박정희 대통령 시절 특별 훈장을 받았다.

임응승 신부의 스승인 신인식 신부는 전국의 성당과 농촌에서 많은 지하수를 개발하였으며, 이종창 신부는 『수맥과 라디에스테이지』라는 책을 썼고, 북한이 뚫어 놓은 세 개의 땅굴을 발견했다. 『수맥과 풍수』라는 책을 발간한 임응승 신부는 노량진에 〈순천학회〉를 설립하여 수맥학 보급에 힘썼다.

제4장
수맥과 수면

1. 수맥이 수면에 미치는 영향

수맥 유해파가 편안한 수면을 방해하여 피로가 쌓이고 성격을 예민하게 만들며, 결국 인체의 면역 기능을 현저히 약화해 질병에 대한 자가 치유 능력을 상실하는 것으로 추정해 볼 수 있다. 이것은 질병 대부분이 우리 몸의 면역 기능이 약화되었을 때 생기므로 수맥파와 수면의 질 사이 그 상관관계가 높음을 말해 준다.

유아와 수맥

수맥파에 민감하게 반응하는 유아는 방바닥에 수맥이 있는 경우 몸만 굴릴 수 있으면 그곳을 비켜 달아나기 위해 계속 몸을 이리저리 뒤집고 뒤척인다. 침대에 누워 그 자리에서 도망갈 수 없으면 잠을 자지 않고 울어 댄다. 침대의 반쪽에 수맥이 없으면 꼭 그쪽으로 가서 잔다. 생후 1년간은 두뇌가 형성되고 정서가 발달하는 시기이기에 수맥이 있는 곳에서 자는 유아는 저항력이 떨어지고 신경질적이기 쉽다.

어린이와 수맥

자신의 침대에서 자지 않고 꼭 형제의 침대에 끼어 자기를 좋아하거나 자기 방을 두고 거실에 나와 자는 경우 수맥을 의심해보아야 한다. 유아보다는 수맥을 감지하는 능력이 떨어지지만, 성인보다는 수맥에 민감하기에 정확한 수맥 감정을 통해 차단 조치를 해주거나 방을 옮겨 주어야 한다.

청소년과 수맥

청소년기는 인생의 출발점이자 자아가 거의 완성되는 시기이다. 공부를 통해 자신의 앞날이 결정되는 중요한 시점이며 사춘기를 겪기도 한다. 공부방이나 침실에 수맥이 있으면 성적이 떨어지고 반항적으로 변한다. 왜 저리 애를 먹일까 생각하지 말고 수맥을 빨리 점검해 보아야 한다. 실제로 수면이 부족해진 청소년은 성장 장애를 일으키는 것으로 알려져 있으니 편안한 수면을 방해하는 수맥파 차단은 굉장히 중요하다.

신혼부부와 수맥

신혼집 안방에 수맥이 있으면 결혼하여 정상적인 부부 생활을 하여도 5~6년이 지나도록 임신하지 못하는 경우가 많다. 병원에서 검사해도 부부 둘 다 이상이 없는데 계속 임신이 안 된다면 수맥을 의심해야 한다. 수맥이 없는 방으로 옮기거나 수맥을 차단하면 임신에 성공하는 경우를 많이 보았다. 난산이나 유산도 수맥과 관련이 많으며 지적 장애아와 지체 장애아도 수맥의 방사 자력과 깊은 관계가 있다. 자녀들을 결혼시킬 때 값비싼 패물이나 집을 사주려 하지 말고 수맥이 없는 집을 골라 주어야 할 것이다.

부부 생활과 수맥

결혼으로 맺어진 부부에게 있어 성생활은 매우 중요한 부분 중 하나이다. 음양의 교류를 통해 사랑을 확인하고 호르몬 분비를 통해 건강과 장수에도 도움이 된다. 수맥이 있으면 남자는 조루나 발기 부전이 올 수 있고, 여자는 호르몬 분비가 잘 되지 않아 귀찮고 짜증을 자주 내게 된다. 수맥이 부부 생활을 망쳐 이혼에 이르는 일도 있다. 부부 생활에 있어서 보약이나 정력제보다 수맥 차단이 더욱 중요하다. 수맥이 없거나 약한 집에 살다가 교차 수맥이 강하게 흐르는 곳으로 이사하면서 부부 생활이 원활하지 않아 서로 불필요한 의심을 하고 잦은 불화를 겪으며 이혼 위기까지 이른 예도 있었다.

노인과 수맥

노년기에는 잠자리에 수맥이 있으면 장수하기 어렵다. 면역 기능과 저항력이 떨어져 질병에 걸리기 쉽고, 일단 걸리면 오래 가거나 합병증이 잘 생긴다. 특히 동맥 경화증, 고혈압, 당뇨병, 중풍, 노인성 치매, 관절염 따위의 노인병에 걸릴 확률이 높다. 암도 수맥이나 지전류와 깊은 연관이 있음이 밝혀지고 있다. 평균 수명이 늘어남에 따라 사회적으로 노년의 건강 수명에 관한 관심이 높아진 지금, 건강한 노년기를 보내기 위해서는 무엇보다도 잠자리의 수맥을 우선 차단해야 할 것이다.

2. 뇌파와 수맥

뇌파의 종류

- 감마파: 30헤르츠 이상(외적 의식, 불안, 흥분)
- 베타파: 14~30헤르츠(외적 의식, 긴장 상태)
- 알파파: 8~14헤르츠
  - 패스트 알파: 12~14헤르츠(내적 의식, 주의 집중)
  - 미들 알파: 10~12헤르츠(정신 통일, 스트레스 해소)
  - 슬로 알파: 8~9헤르츠(명상, 무념무상)
- 세타파: 4~7헤르츠(졸음 상태, 최면술, 얕은 수면)
- 델타파: 0.5~4헤르츠(무의식, 깊은 수면)

수맥은 양질의 잠을 잘 수 있는 수면 상태인 세타파와 델타파를 긴장하거나 불안한 상태인 감마파와 베타파로 흐름을 바꾸어 선잠, 혹은 악몽을 유도하고, 뒤척거리다 밤새 화장실에 들락거리게 하는 등 숙면을 방해한다. 심하면 야뇨증, 몽유병, 야경증 따위가 나타나기도 하며 성격이 신경질적으로 변하고 짜증을 잘 내고 게을러지며 아침에 일찍 일어나기 힘들어한다. 이 상태가 반복되면 결국 인체는 수많은 질병에 쉽게 걸리게 된다.

제5장

수맥과 건강

1. 수맥이 인체에 미치는 영향

무병장수에 대한 인간의 욕망은 동서고금을 막론하고 끊임 없이 회자하는 화두이다. 현대 의학의 발전으로 천형으로만 여겨졌던 난치병과 불치병들이 하나하나 정복되어 가고 인 간 수명은 점차로 연장되고 있지만, 건강에 대한 지칠 줄 모 르는 욕심은 누구도 부정할 수 없을 것이다. 그 한결같은 욕 망은 예로부터 불로초이니 산삼이니 보약이니 하여 몸에 좋 다는 것에 대해서는 조건 없는 탐닉으로 일관하였다.

그리하여 시중에 나와 있는 많은 건강 관련 서적에서 제시 하는 넘쳐나는 정보 중에서 자신에게 필요한 올바른 정보를 취하지 못하고 무분별하게 받아들임으로써 도리어 건강을 해치는 경우가 비일비재하게 일어나기도 한다.

한약재나 건강식품도 체질에 따라서는 해가 되는 경우도

많기에 정확한 자신의 체질을 모르고 함부로 건강식품을 먹으면 안 된다. 흔히들 장복하는 홍삼이 맞지 않는 사람이 있고, 녹용을 먹으면 부작용이 생기는 사람도 있다. 병에 걸린 다음에 약을 주는 것은 전투가 벌어진 다음 무기를 만드는 것과 같다. 그때는 이미 큰 손실과 후회가 생긴 후이며 극복할 수 없거나 무척 어렵다.

이 책에서는 질병을 고치려는 것이 아니라 예방하는 방법을 제시하려 한다. 자신의 노력으로 사소한 질병이라도 예방할 수 있는 한 방편으로 수맥이 인체에 미치는 영향에 관해 설명하려는 것이다. 많은 사람이 생활 속에서 곧바로 실천할 수 있는 쉬운 건강법을 이해하지 못하고 인정하지 않아 소중한 가족의 건강을 위험에 노출하는 안타까운 일이 주위에 너무 흔하다. 자기 자신과 일상, 그리고 주변에 대한 건전한 관심과 지속적인 노력으로도 충분히 유지할 수 있을 건강을 말이다.

땅속에는 어느 곳이나 물이 흐르는 수맥이 있으며 이 수맥에서 뻗어 나오는 파괴적인 기운에 의해 지상의 물체들이 영향받는다는 것은 앞에서 설명하였다. 지하 수맥에서 수직으로 나오는 방사 자력(라디에스테이지)은 시멘트와 목재, 철근 등에 전혀 소멸하지 않고 통과하여 그 위에 생활하는 사람은 물론 수맥을 싫어하는 동식물과 건축물(도로, 터널, 교량 포함) 등에 치명적인 피해를 준다.

수맥의 음습한 기운은 특히 인체에 많은 영향을 끼쳐 건강에 직접적인 피해를 주며 그 증상 또한 천차만별로 나타남으로써 그에 대한 정확한 통계가 아직 없는 것도 사실이다. 하지만 나는 오랜 연구와 탐사 끝에 수맥의 흐름이 건강과 직접적인 관계가 있음을 확신하게 되었다. 하지만 수맥과 건강의 상관 요소에 대해 많은 사람은 아예 모를 뿐만 아니라 허황하고 근거 없는 소리라 일축해 버리고 이를 무시하는 경향이 있다. 그것은 수맥 현상이 다른 질병 요인들처럼 쉽게 드러나지 않는다는 것에 기인한다.

벽의 균열이나 집 안의 습기를 보고 느끼는 수가 있긴 하지만 그 징후들을 다른 요인에 초점을 맞추는 경우가 대부분이다. 수맥 현상은 오랜 시간을 두고 반응이 서서히 나타나는 경우가 많기 때문이다. 마치 수은 중독이나 알코올 의존증처럼 시간이 흐른 후에야 각종 질병으로 연결된다. 그래서 사람들은 수맥 탓인 줄 모르는 때가 많다. 그렇기에 더 무섭다. 잠복기가 길어서 의식을 못 하고 있을 따름이지 시간이 흐르면 언제 어디서 수맥의 영향권에 들어 고생할지 모르는 일이다. 수맥에 노출이 되면 그에 영향을 받는 모든 물체는 예외 없이 피해를 본다는 것이 진실이기 때문이다.

수맥파가 사람에게 수시로 작용한다고는 하지만 인간의 몸은 일정 정도의 수맥파에 대한 면역성을 지니고 있다. 그래서 수맥 위에 일시적으로 있을 때는 별다른 영향을 받지 않지만, 오랜 기간을 수맥 위에서 먹고 자고 일상생활을 할 경우에는 서서히 질병이 발생하고 여러 가지 폐해를 당하게 된다.

노출 상황과 지속 시간, 그리고 수맥 강도에 따라 실제로 인체가 그에 반응하기까지의 개인별 민감도에 따른 차이 정도만 생길 뿐 거의 모든 사람에게 해당하는 사실이다. 특히 수맥 민감도의 차이는 중요한데 사람에 따라서는 이사한 후 며칠 만에 바로 불편을 느끼기도 하고 몇 달이나 몇 년 후에 면역 기능 약화로 질병에 노출되는 예도 있다.

2. 수맥과 체질(수맥 민감도)

수맥파에 장기간 노출된 사람들에게 나타나는 현상은 천차만별이다. 이러한 개인적 차이는 일정 기간 이상 수맥파에 노출되었을 때 그에 대한 저항력이 강한지 약한지에 관한 체질 차이라고 할 수 있다.

수맥과 체질의 상관관계에서 말하는 체질은 〈사상 체질〉이나 〈팔체질〉의 〈체질〉이 아니다. 단지 수맥에 반응하는 사람의 체질, 즉 수맥에 대한 개인별 민감도를 가리킨다. 그렇다면 수맥에 영향을 전혀 받지 않는 사람은 과연 몇 퍼센트나 될까? 아직 정답은 모른다.

한양대 미래교육원의 「수맥과 팔체질」 과정 수료생 600여 명, 전문가 반과 개별 지도생 100여 명을 포함한 700여 명 가운데 수맥 반응이 없어 수맥 감정을 포기한 사람이 20여 년 간 두 명뿐이었다. 이를 근거로 극소수 사람만이 수맥에 반응 하지 않고, 또 수맥파로 인한 피해도 보지 않는다고 추정해 볼 수 있다(약 1퍼센트 미만).

내가 사람들이 기거하는 곳을 중심으로 수십 년간 수맥을 탐지했을 때 수맥이 흐르지 않는 집에 비해 수맥이 흐르는 집 이 거의 80퍼센트에 다다를 정도로 많았다. 이는 사람들 대 부분이 수맥에 노출된 환경에서 생활하고 잠을 자고 일한다 는 것을 보여 준다. 하지만 수맥 위에서 기거했다고 해서 모 든 사람에게서 그에 수반하는 질병들이 일괄적으로 나타나 는 것은 아니다. 그래서 같은 방을 사용하는데도 어떤 사람은 건강하고, 어떤 사람은 그렇지 못한 것은 왜인가 하는 반문도 나옴 직하다. 수맥이 강하게 흐르고 있는 같은 방, 같은 침대 에서 잠을 자도 수맥 피해를 많이 보는 아내와 적게 느끼는 남편의 경우(그 반대도 있음)를 가정 방문 시 꽤 접할 수 있 었다.

지하에 수맥이 흐르는 고층 건물도 각 층에 사는 사람 중 에 중풍으로 쓰러지는 사람이 있는가 하면, 오랜 시간을 수맥 위에서 생활해도 별다른 이상을 못 느끼는 사람도 있다. 이것 이 체질(수맥 민감도)의 차이이다. 엑스레이에 똑같이 노출 되어도 그 나타나는 피해 정도가 다르듯이 수맥도 어디로 흐 르는가, 수맥에 영향받은 사람의 체질이 어떠한가에 따라 그 증상이 빠르고 더디게, 약하고 강하게 나타날 수 있다.

어린아이와 노약자들, 그리고 임산부와 환자들은 수맥의 피해를 상대적으로 많이 받는다. 면역력이 약해져 있는 상태에서는 수맥에 노출된 당일부터 불면증이나 고통을 호소하기도 한다. 성장기에 있는 젊은이들보다 신체적으로 미성숙기에 있거나 이미 쇠퇴기에 접어든 노인에게 그 증상은 더 치명적으로 나타난다.

지금까지 알려진 바에 의하면, 수맥은 사람들의 의식이 흐리거나 신경이 예민한 상태일 때 더 영향을 미치는 것 같다. 정전기를 자주 느끼고 손에 땀이 많이 나는 사람일수록, 신경질적이고 스트레스를 많이 받는 상황일수록 수맥파에 대한 저항력이 약하다. 따라서 그 영향을 더 빨리 받을 수밖에 없다. 과장된 얘기 같지만, 일반적으로 뇌졸중, 류머티즘성 관절염, 신경성 질환을 앓고 있는 사람들 대부분이 수맥을 잘타는 체질인 것으로 보아도 무리가 없다.

정서적으로 안정되어 있으며, 혈압도 정상이고, 신체적으로 건강한 사람은 수맥파에 대한 저항력이 강하다고 볼 수 있다. 우리나라는 수맥을 타지 않는 체질의 사람이 대략 1퍼센트에 불과한데, 다년간 조사해 보니 가계적으로 유전이 되는 듯했다. 서울의 모 병원 환자를 중심으로 조사한 바에 따르면 95퍼센트 이상이 수맥을 타는 체질이었다. 그런데 아직 수맥에 관한 체계적인 연구와 관심의 부족으로 수맥을 타는 체질을 구분할 수 있는 더욱 과학적인 근거가 마련되지 못했다는 것은 실로 안타까운 일이 아닐 수 없다.

수맥이 각 개인에게 미치는 영향에 대해서는 아직 연구가 진행 중이지만, 중요한 것은 일단 수맥에 노출되어 생활하면 개인별 수맥 민감도와 노출 상황, 노출 시간, 수맥 강도에 따라 차이가 날 뿐 사람들 대부분이 피해를 본다는 사실이다. 여기서 간과해서는 안 되는 한 가지 중요한 점은, 수맥 강도에 따라서는 제아무리 건강한 사람이라도 장시간 수맥 위에서 생활할 때 결코 건강에 대해 낙관해서는 안 된다는 것이다.

　내 경험으로는 사상 체질로 볼 때 소음인이 수맥에 가장 민감한 것으로 추정된다. 특기할 만한 한 가지는 수맥에 민감한 사람은 수맥 감정을 곧잘 배울 수 있지만 수맥의 피해도 많이 받는 체질이라는 것이다. 반대로 수맥에 둔감한 사람은 수맥 감정을 교육받을 때 다른 사람에 비해 어려움을 겪곤 하지만 역설적으로 수맥의 피해는 적게 본다고 할 수 있다.

3. 수맥과 질병

장기간 수맥에 노출되었을 때 나타나는 질병의 종류는 많다. 수맥 연구에 선두를 달리는 독일과 일본에서는 이미 오래전부터 여러 연구 결과로 보고되고 있다. 물론 일시적인 증상이

수맥으로 야기되는 질병은 방 아래로 흐르는 수맥이 그 사람의 신체 어느 부위를
지나가는가에 따라 그 병의 증세도 달라진다.

거나 병원 치료로 금방 낫고 재발하지 않는 경우는 수맥과 연
관성이 없을 수도 있다.

수면 장애, 불면증, 두통, 편두통, 비만, 신경 쇠약, 관절염
등은 가벼운 예에 속하다. 치료해도 잘 낫지 않고 만성으로
가거나 자주 재발하는 경우엔 반드시 수맥 유무를 확인해 보

아야 한다. 고혈압, 중풍, 대사 증후군, 당뇨병, 퇴행성 관절염, 우울증, 정신 이상 외 각종 신경성 질환과 중증 질환, 심지어는 유산, 장애아 출산 등도 수맥과 깊은 관련이 있다.

수맥이 지나가는 방에 오랫동안 기거하게 되면 수맥에서 발산되는 파괴력에 의해 이런 중병들이 서서히 생겨나는 것이다. 이유는 간단하다. 습기가 많은 집에서 오래 살면 자연히 신경계에 장애가 생기기 마련이다. 그래서 초기에는 신경통이 유난히 심해지며, 시간이 지나면서 정도가 심해져 일상생활을 못 할 만큼 몸이 피폐해지고 만다. 그와 같은 맥락에서 수맥이 인체에 나쁜 영향을 미친다는 것을 이해할 수 있을 것이다.

수맥으로 야기되는 질병은 방 아래로 흐르는 수맥이 그 사람의 신체 어느 부위를 지나는가에 따라 그 병의 증세도 달라진다. 예를 들어, 수맥이 그 사람의 머리 쪽으로 흐르면 불면증, 신경 질환, 나아가 정신 이상까지도 초래할 수 있다. 또 수맥이 상체나 하체로 흐를 때는 이유 없이 뼈마디가 결린다든지 디스크가 생기며 심하면 수족 마비 현상까지도 초래될 수 있다.

수맥과 고혈압

우리나라 인구 중 약 10퍼센트 이상이 고혈압 환자라고 한다. 고혈압 환자들의 침실에서 수맥을 감정해 보면 머리와 가슴

쪽으로 수맥이 흐르는 경우가 많다. 고혈압에 걸린 사람들이 자신의 병을 알지 못한 채 머리, 또는 가슴 부근으로 수맥이 통과하는 곳에서 기거하게 되면 대부분이 중풍 환자가 된다. 고혈압 환자 중에서 특히 중풍 환자가 많이 나오는 것은 이를 잘 말해 준다. 그러므로 고혈압 환자들은 수맥에 더 유의해야 하며, 수맥을 차단하거나 수맥이 없는 쪽으로 잠자리를 옮기면 호전되기도 한다.

수맥과 중풍

중풍이란 뇌수 속에서 순환하는 혈관이 파열되어 뇌 속의 피가 터져 나옴으로써 생기는 병리 현상이다. 이때 뇌에서 터져 나온 피가 주요 신경 중추를 압박하게 되고 여러 기관에까지 영향을 미치는데, 중풍은 뇌수 파열이므로 정도에 따라 전신, 또는 반신, 혹은 몸의 일부분에 마비를 가져온다. 대개 남자는 좌측, 여자는 우측에 반신불수가 되는 경우가 많다. 운이 좋아 가벼운 상태로 완치되는 수도 있지만 그런 경우는 매우 희박하여 장기간 지속되는 것이 보통이고, 환자 본인은 물론 가족의 고통은 헤아릴 수 없이 클 것이다.

중풍 환자의 집을 방문해 보면 90퍼센트 이상이 강한 수맥대나 교차 수맥 위에서 장기간 거주한 경우가 많다는 것은 이미 많은 사례를 통해 거듭 확인할 수 있었고, 그들 중에는 고혈압 환자가 많았다.

국내 모 한방 대학에 입원 중인 중풍 환자 100명의 입원 전 잠자던 방을 수맥 검사한 결과, 우리나라 평균 수맥 비율(약 75퍼센트)을 훨씬 웃도는 93명의 집에서 수맥이 강하게 흘렀다는 연구가 있다. 또한 환자들 가운데 95퍼센트 이상이 체질적으로 수맥을 잘 타는 사람들이었으며, 고혈압을 진단받았던 사람도 태반이었다.

이것으로 나는 나름대로 중풍과 수맥, 중풍과 수맥 타는 체질, 중풍과 고혈압의 상관관계를 확인해 볼 수 있었다. 일단 발병한 후라면 늦긴 하지만 이때라도 수맥을 차단해 주면 수맥파에 빼앗겼던 팔다리의 힘이 더디지만 조금씩 돌아와 병세가 호전되기도 한다.

수맥과 신경통, 류머티즘

육체적으로 무리하게 힘든 일을 했다거나 특별히 다친 것도 아닌데 허리가 아프고 무릎이 저리는 증세를 보이는 사람이 꽤 많다. 특히 농촌에서 허리를 구부린 채 농사일하는 노인들에게는 허리와 무릎 통증이 따라다닌다. 이런 증상들은 주사를 맞고 물리 치료하고 침을 맞아도 잘 낫지 않고, 호전되기는커녕 시간이 지날수록 증세가 더 악화하여 평생 고질병으로 간직한 채 살아가는 사람들도 허다하다. 흔히 관절염, 신경통, 류머티즘, 디스크 등으로 통하는 이런 증상은 발병 초기에 병원 치료를 받아 보아도 원인이 명쾌히 드러나지 않거나 잘 낫지 않고, 오랫동안 앓게 되어 고치기 어려운 경우 수맥이 한 원인일 수 있으니 수맥 감정을 반드시 해보아야 한다.

신체 부분별로 이상이 생기는 것은 잠자리에서 이상이 생긴 신체 부분과 수맥이 지나는 자리가 수직선상 같기 때문이다. 예로 오른쪽 어깨와 허리 부분에서 심한 통증을 느끼고 자주 근육이 굳어지는 환자가 있다면 평소 그가 눕는 잠자리에서 그의 오른쪽 어깨와 허리 부분에 걸쳐 수맥이 탐지되는 것을 확인할 수 있다. 이 경우는 단순히 잠자리의 위치를 조금 옮겨 주는 것만으로도 얼마 후부터는 그 증세가 조금씩 완화될 수 있는데, 잠자리 전체에 수맥 차단을 해주는 것이 가장 좋다.

수맥과 우울증, 정신 질환

우울증은 누구에게나 올 수 있다. 실연, 입시 낙방, 해고, 사업 부도, 배신, 이혼, 가족의 죽음 등 본인이 원치 않는 여러 가지 힘든 상황이 올 때 굳은 의지로 극복해 나가는 사람도 있지만 대부분은 방황하고 알코올에 의존하거나 마약에 빠지기도 한다. 또 어떤 사람들은 우울증에 빠져 사람 만나는 걸 회피하고 비관 속에서 나날을 보낸다. 심지어는 자살을 기도하기도 한다. 이럴 때 종교의 힘이나 따뜻한 격려를 해주는 멘토의 힘으로 극복하기도 한다.

문제는 수맥이다. 수맥이 이런 사람들의 방에 있으면 더욱 불안, 초조, 비관에 빠지기 쉽다. 단순히 수맥 자리를 피함으로써 역경에도 웃음을 찾고 극복한 사례를 꽤 보았다. 특히 머리 부근으로 폭이 좁되 깊고 강한 교차 수맥이 흐르면 정신 이상을 초래할 수도 있다.

수맥과 불면증, 편두통

수맥으로 야기되는 질병을 다루면서 고혈압이니 중풍이니 하는 중병들만 거론하다 보니 수맥파에 노출되면 무조건 그런 중병에 걸린다고 생각할 수 있다. 그러나 반드시 그런 것은 아니다. 수맥파에 의해 중병에 걸린다는 것은 여러 가지 조건, 즉 환자의 평상시 건강 상태나 나이, 수맥을 타는 체질인지의 여부, 수맥의 크기와 강도, 그리고 무엇보다도 수맥에 노출된 시간 등의 요건이 골고루 갖추어진 상태에서 발병할 확률이 높다는 것을 말한다.

그렇다고 해서 평상시 중요하게 생각하지 않고 쉽게 지나치곤 하던 많은 증상이 수맥과 전혀 무관하다고 생각한다면 큰 오산이다. 악몽, 불면증, 두통, 신경과민, 의욕 상실, 권태감 등의 제반 신경성 질환도 수맥과 연관성이 깊다. 이런 증상들에 대해서는 보통 병이라고 할 만큼 심각하게 느끼지 못하기에 평소 잘 모르고 지나치는 때가 많다. 특히 신체적으로 건강한 사람은 웬만한 수맥파의 자극에 대해서 면역성을 지니기에 그 영향력을 과소평가해 버리기에 십상이다.

그러나 대체로 잠에서 깨어난 오전 시간에는 정신이 맑지 못하고 무력하여 짜증스러운 아침 시간을 보내다가 오후가 되어서야 정상 컨디션을 되찾는 사람이라면 한 번쯤 수맥에 대한 의심을 가져 볼 만하다. 그리고 가벼운 두통이나 몸이 노곤한 현상도 자주 반복될 때는 그냥 지나치지 말고 예방하는 면에서 수맥 탐사를 해볼 필요가 있다.

과로나 만성 피로에 시달리는 사람들은 숙면을 통하여 피로를 풀어 주어야 하는데 수맥이 지나가는 방에서 생활하는 사람들은 대개 불면증을 호소하게 된다. 또한 잠을 자더라도 악몽을 자주 꾸며 잠자리가 편치 못해 한숨도 못 잔 것처럼 몸이 찌뿌드드한 사람들도 많다. 불면증에 시달린 사람들은 예외 없이 신경이 약화하여 신경과민증을 보인다. 또 이것은 식욕 부진으로 인한 위장 장애를 수반하고, 두통이나 의욕 상실 등에 쉽게 걸리는 경향을 보인다.

잠은 마치 죽은 듯이 자고 아침엔 거뜬하게 일어나야 건강을 지킬 수 있다. 편한 수면을 통해 하루의 피로를 그날그날 풀어야 하는데 수맥 유해파가 숙면을 방해하여 피로를 누적시키고 면역 기능을 저하해 병세를 악화시킨다. 불면증은 수면 장애, 기면증, 몽유병 등과 함께 대표적으로 수맥과 함수 관계가 높은 질환이다. 수맥 유해파는 수면 중 뇌파를 안정파에서 불안과 긴장파로 바꾼다. 〈잠을 설쳤다〉는 말이 있는데 어쩌면 수맥 피해를 대표하는 말이라고 생각해 볼 수 있다. 수맥 차단을 해주었을 때 가장 많이 듣는 말이 〈이제 푹 잘 잡니다〉라는 말이다.

편두통도 참 피곤한 병이다. 찬 바람이 조금만 불어도, 공부나 연구에 열중해도 머리가 빠개질 듯이 아프니 무기력과 의욕 상실에 걸리기 쉽다. 병원에서 정확한 원인 규명이나 치료가 잘 안 되면 수맥 감정을 해보아야 한다. 신경성 질환을 안고 사는 이들에게는 진찰 결과 별다른 원인이 있는 것도 아니어서 그에 대응하는 치료 방법을 찾기 힘든 실정이다. 그러나 원인 중 많은 부분이 수맥파에 있음을 알고 이에 대처해 나간다면 원인 불명의 신경성 질환이 많이 줄어들 것이다.

　많은 연구와 검증이 선행되어야 하겠지만 수맥 차단 이후 17년간 복용하던 수면제를 이틀 만에 끊었다고 하거나 30년간 편두통 때문에 매일 판피린을 세 병씩 복용하며 고생하다가 불과 몇 달 만에 먹지 않고 머리도 아프지 않게 되었다는 수강생들의 사례를 접할 때면 보람과 함께 느끼는 바가 많다.

4. 수맥과 임신

수맥이 임신과 임산부에게 많은 악영향을 끼친다는 것과 관련된 사례는 데이터를 통해 확인해 볼 수 있다. 수맥 유해파가 임산부의 기력을 떨어뜨려 난산을 초래하고, 산모와 태아의 자체 면역 능력을 저하해 쉽게 유산하게 하며, 수정을 방해하여 불임에 이르게도 한다. 심지어 세 번의 유산 후에 수맥을 차단하고서야 출산에 성공한 사례도 있다고 하니 자녀의 결혼 시 최고의 선물은 전세를 얻든 집을 사주든 수맥 없는 집을 골라 주는 것이 아닐까.

건강한 아이의 출산은 이 세상 모든 부모의 한결같은 소망이다. 뇌성마비나 지체 장애아, 지적 장애아의 출산 원인이 임산부의 약물 중독, 환경 오염, 유전 등에 의한 경우가 대부분이라고 알려져 있다. 그러나 임산부의 기형아 출산은 위의 모든 원인과 함께 수맥에 의해 나타나는 결과가 많은 부분 차지함을 꼭 명심해야 한다.

금천구 독산동 시집에서 두 딸을 낳은 부인에 관한 얘기를 접한 적이 있다. 시아버지는 그녀가 결혼하기 전부터 중풍에 걸려 거동이 상당히 불편해 거의 누워 지냈다고 한다. 첫아이를 낳고 나서 집이 좁아 증축 공사를 하면서 그녀는 전에 시아버지가 기거했던 방을 사용하게 되었다. 그 후 둘째 아이를 낳게 되었는데 아이가 커가면서 또래에 비해 낮은 지능을 가졌음이 판명되었다. 결국 아이는 특수 학교에 입학해 다른 장애 아동들과 함께 교육받고 있다고 했다.

그 얘기를 듣고서 독산동 집을 찾아가 직접 조사해 보기도 전에 떠올린 것은 틀림없이 수맥과 연관이 깊다는 것이었다.

수맥에서 뻗쳐 나오는 파괴의 힘은 임산부의 습관적 유산과 사산을 유발시킬 수 있다.

그녀의 시아버지 경우를 보더라도 쉽게 유추해 낼 수 있었다. 바로 수맥이 방 아래로 흘러 시아버지가 중풍에 걸렸을 것이고, 다시 그 방을 사용한 그녀는 임신 기간 내내 강한 수맥파의 영향을 받았기 때문에 그 같은 일이 일어난 것으로 판단했다. 임산부가 수맥이 지나가는 방에 장기간 기거하게 되면 태아는 무방비로 수맥파에 노출이 되어 돌이킬 수 없는 심각한 결과로 나타난다.

　비록 임산부가 수맥을 타지 않는 체질이라고 해서 태아 또한 수맥을 타지 않는 체질이라고 단정할 수는 없다. 특히 연

약한 태아는 외부의 강한 자극에 대해 대처할 만한 면역성이 없어 수맥파를 견디지 못하여 신체 발육이 제대로 되지 않는다 해도 과언이 아니다.

우리나라는 1년간 태어나는 신생아 수가 약 30만 명 정도인데, 그중 기형아 출산은 5~6만 명으로 추산된다(2020년 보건복지부 선천성 기형아 비율 통계 자료). 이것은 전체 출산율에 비해 결코 무시할 수 없는 수치이며, 특히 기형아 출산 가운데 원인 불명으로 판정된 경우는 60퍼센트나 된다고 한다. 게다가 습관적 유산이나 사산까지 전부 합치면 무려 10퍼센트는 더 될 것으로 생각한다. 문제는 이러한 기형아 출산 원인을 어디에 둘 것인가 하는 것이며 지금까지는 밝혀진 몇몇 제반 원인으로 귀착시킬 뿐이다.

　그러나 원인 불명으로 인한 기형아 출산의 주범은 바로 수맥에서 뻗쳐 나오는 엄청난 파괴의 힘이다. 또한 수맥은 임산부의 습관적 유산과 사산을 유발시킬 수 있다. 내가 상당수 기형아들을 조사해 본 결과 그 아이들의 95퍼센트 이상은 수맥파에 영향을 많이 받는 체질이었다. 이것 하나만 보더라도 일단 수맥이 비정상적인 출산에 일정 부분 관여하고 있음을 알 수 있고, 또한 그 아이의 어머니가 임신 중 상당 기간을 수맥이 흐르는 방에서 잠을 자고 생활했다는 것을 유추해 낼 수 있다.

다만 아직까지는 수맥의 존재에 대한 낮은 인식과 무지로 인해 수맥이 기형아 출산에 미치는 영향에 대한 과학적인 조사가 이루어지지 않았다는 약점으로 그 문제가 간과되는 현실이지만 기형아가 태어남으로써 기인되는 다른 문제들을 생각한다면 결코 가볍게 여겨서는 안 될 것이다.

다른 질병들 또한 그 병을 앓고 있는 사람뿐만 아니라 가족에게 많은 피해를 주기 마련이다. 특히 그 병이 일정 기간의 치료 과정 후 완치될 수 있다는 조금의 가능성도 없이, 태어나는 순간부터 이미 정상인과 다르다는 낙인이 찍힌 채 평생을 비정상인 취급을 받으며 살아가야 된다는 것은 벌써 그 차원에서부터 다른 얘기이다.

조금이라도 열등감을 느껴본 사람이라면 그들이 느끼는 고통의 일부나마 받아들일 수 있겠지만, 평생을 정상적이지 못하다는 열등감 속에서 살아야 하는 그들이 느끼는 고통은 어떻겠는가. 또한 기형아가 태어난 집의 부모들이 겪는 고통과 어려움, 나아가 국가적으로 야기되는 사회적, 경제적 손실도 간과해서는 안 될 것이다.

다행히 지체 장애자, 시각 장애자, 청각 장애자 같은 신체 장애자들은 의학 및 첨단 기술 덕택으로 그나마 일반인과 엇비슷하게 직업을 가지고 사회 활동을 할 수 있게 되었다. 개인적으로는 지적 장애아(지적 발달 장애아)들은 모든 종류의 장애 중에서도 가장 적극적으로 동정받고 보호받아야 한다고 본다.

일본 문부성에서는 IQ가 평균 75 이하인 사람들에 대해 〈정신 발육이 항구적으로 지체해서 이 때문에 지적 능력이 열등하여 자기 신변의 일 처리 및 사회 활동에의 적응이 곤란〉하다는 정의를 내리고 있다.

사회성을 부여받지 못한 그들이 태어난 것에 대해 단순히 그의 어머니가 임신 중에 부주의해서 그런 것이라고 책임을 떠넘길 수도 있다. 하지만 그렇게 된 많은 원인 중 하나가 자연 현상의 하나에 불과한 수맥파에 의해 파생된 결과라는 사실 앞에서는 달리 어쩔 도리는 없을 것이다. 그렇지만 수맥이라는 자연 현상은 인간의 노력 여하에 따라 미연에 충분히 방지할 수 있다. 인간은 자연의 파괴적인 힘 앞에 일개 피조물로서만 존재하여 수수방관하고 속수무책일 만큼 어리석지도 약하지도 않기 때문이다.

출산 계획을 가진 사람들이 집을 구할 때 미리 수맥 탐사를 실시한다면 기형아가 태어나는 수는 많이 줄어들 수 있다. 그리고 임신 중인 사람이라면 지금이라도 즉시 자신이 생활하고 눕는 자리에 수맥이 흐르는지를 확인하고 수맥을 피해서 생활해야 한다.

제6장

예방 의학으로서의 수맥파 차단

예방 의학과 수맥파 차단

가장 기본적인 욕구인 의식주 문제가 웬만큼 해결된 상태에서 사람들은 건강 문제를 무엇보다도 우선시하는 경향이 있다. 몸에 조금만 이상이 느껴져도 보약을 먹거나 입원하기 위해 병원으로 직행하는 것이 요즘 사람들이다.

정작 찾아간 병원이란 곳은 몸에 침범한 균을 없애 주고 건강을 찾아주는 곳이 아니라 수도 없이 아픈 사람들이 들끓다 보니 도리어 병원균을 매개하는 천덕꾸러기로서의 역할을 충실히 이행하는 것 또한 사실이다.

병원균의 감염 문제는 그렇다 치더라도 진짜로 문제가 되는데도 그것의 존재를 무시하고 지나치다 더 큰 변을 당하게 되는 경우가 있다. 그것은 바로 수맥의 피해를 간과하는 것이다.

병원에 오랫동안 근무한 의사나 간호사들 얘기로는 유난히 죽은 환자가 많이 나오는 병실이 있다고 한다. 아니면 별 심각한 병이 아니어서 조금의 치료로 완쾌될 수 있는데도 입원 환자들의 치료 기간이 길어지게 된다거나 끝내는 완쾌되지 않거나 도리어 병이 더 악화되어 더 큰 병원을 찾게 되는 병실이 있다는 이야기도 종종 들린다. 그 병실 아래로 틀림없이 수맥이 흐르고 있을 것이며 내가 체험한 바로도 거기에는 조금의 예외도 적용되지 않았다.

거듭 강조하지만 수맥으로 인하여 발병된 모든 질환은 몸이 허약할 때 더 기승을 부린다. 그리고 병원을 찾는 사람치고 건강한 사람은 별로 없다. 특히 좌골 신경통으로 허리가 아프고 다리가 쑤셔서 고생하는 사람들 가운데 걸어 다닐 수 있는 환자는 수맥만 피해서 잠을 자도 3개월 이내에 50퍼센트 이상은 완쾌에 가까울 정도로 자연 치유될 수 있다.

수맥의 폐해를 알고 수맥파를 차단하는 장치를 마련해 놓은 병원이 전무한 가운데 그 병원 아래로 수맥이 흐른다고 가정해 보자. 병원을 찾은 사람들은 거의가 무방비 상태로 수맥에 완전 노출되는 셈인데, 수맥이 지나가는 병실에 입원한 환자는 어떻게 되겠는가. 수맥파에 의해 인체에 어떠한 증상이 나타나기 시작하면 질병이 상당히 진전된 때이므로 다시 건강을 회복하려면 그만큼 피해를 감수하지 않으면 안 된다.

이렇게 볼 때 수맥에 대한 완전한 이해만이 가장 손쉽게 건강을 지킬 수 있는 해답이라고 할 수 있다. 따라서 사전에 수맥파를 예방하는 것이 최선책이며 또한 이미 발병한 상태라 해도 수맥 자리를 피하여 준다면 수맥으로 인해 야기되는 고혈압, 중풍, 신경성 질환 등 각종 질병의 치료에 큰 효과를 볼 수 있다. 더하여 수맥 차단은 지병의 발병이나 악화를 막을 수 있다는 예방 의학적인 측면이 더욱 강조되어야 한다.

제7장
수맥과 일상생활 1

1. 수맥과 주택

연탄가스 중독사는 불과 몇십 년 전까지만 해도 신문의 사회 면에 등장하는 단골 기사였다. 연탄으로 취사와 난방을 겸하던 우리나라 서민층의 주택 구조상 그것은 어쩔 수 없는 재앙으로 신문의 지면을 장식하곤 했으며, 사고의 원인을 부실 공사 탓으로 일방적인 결론을 내렸고 일시적인 대책 마련에만 급급하던 때였다.

지금에야 수맥으로 인한 구들장의 균열이 연탄가스 누출의 주범일 거라고 강하게 추정해 보지만, 그 당시는 나도 수맥학을 알기 이전이었고 안타깝게도 어느 누구도 수맥파와의 연관성을 생각해 보지 못했다.

많은 투자를 하여 고급스럽게 지은 새 건물의 담벼락에 균열이 생겼을 때도 사람들은 부실 공사 탓으로만 여겼다. 이렇게 가시적인 사건만을 기사화하여 문제시하고 더욱 많은 폐해를 끼치고 있는 주범의 존재를 인식하기까지는 많은 시간이 허비되었다. 그것은 수맥이라고 하는 것에 대한 나름대로의 편견과 무지가 작용했던 까닭도 있지만 수맥 그 자체의 폐해가 가시적으로 드러나기까지는 실제로 장기간이 걸린다는 점도 크게 작용한다.

앞에서 잠시 언급한 적이 있지만 수맥이 인간 생활에 미치는 영향은 약물에 중독되었을 때 그 반응이 서서히 장기적으로 나타나는 것처럼 수맥 또한 잠복기가 상당히 소요되기 때문이다. 수맥의 존재에 대한 확신을 가졌을 때는 이미 방바닥이 갈라 터지고 그로 인해 많은 인명 피해가 있은 뒤였다.

물론 건물 공사 자체에도 상당 부분 문제가 있긴 하겠지만 이제는 확신하건대 방바닥에 틈이 생기고 그 사이로 가스가 흘러들게 하는 주범도, 새로 지은 건물의 담벽에 미세한 균열을 일으킨 주범도 바로 수맥이라고 할 수 있다.

현대 과학의 발전은 건축 문화에도 혜택을 주어 오늘날에는 고층 건물이나 긴 교량 등의 축조에 최첨단 건축 공법을 이용하여 한 치의 오차도 없이 공사를 진행할 수 있게 되었다.

일반 주택의 경우도 자재의 선택에서부터 공법의 선정 등에 이르기까지 건축법을 준수함으로 부실 공사라는 오명을 많이 지우고 있다. 그럼에도 불구하고 계속해서 건물의 담벽

건물의 담벽이 깨어지고 붕괴가 일어나는 것은 수맥에 의한 파괴 현상으로 볼 수 있다.

이 깨어지고 붕괴가 일어나는 것은 수맥에 의한 파괴 현상이
라는 말밖에는 달리 설명할 길이 없다.

수맥의 영향은 부실 공사나 그 밖의 물리적인 작용과는 달
라서 확연히 구분된다. 먼저 수맥 현상은 일정한 방향성을 지
니고 있어 다른 원인에 의한 건축물의 손상과는 달리 그 균열

상태가 대부분 위에서 아래로 일직선 형태를 띠고 있으며 이 모든 현상은 단시일 내에 일어난다. 즉 수맥이 발산하는 방사 자력은 그로부터 수직선상에 위치한 건물에 파괴적인 힘을 발휘하게 되므로 그 균열 또한 일직선을 이룬다는 것이다.

실제로 어느 논문에서 어떤 한 지역을 대상으로 수맥도를 작성한 후 수맥 위에 있는 주택을 조사해 본 결과 정확히 일 직선을 그린 건물 벽의 붕괴 현상을 뚜렷이 확인했다는 것을 읽은 적도 있다. 그곳에는 반드시 지하에 일정한 방향성을 지 닌 수맥이 존재하며, 이 수맥은 많은 양의 물 공급을 원활히 하기 위해 자체적인 힘을 내고 있고, 그로 인하여 건물이 파 괴되고 또한 지반이 붕괴되는 현상이 나타난다는 아주 명쾌 한 논문이었다.

인간은 천재지변으로부터 자신을 보호하기 위해 자연의 재 해를 막아 줄 수 있는 주택을 지어 살게 되었다. 주택의 여러 가지 기능 중에서 가장 중요시되는 것 중 하나는 편안한 잠자 리라 할 수 있다. 그러므로 주택 내부 구조상 가장 중요한 곳 중 하나로 침실을 들 수 있다.

만약 잠자리나 침대 아래에 수맥이 형성되어 있을 경우에 는 생명 보존에도 치명적이 될 수 있다. 침실이 아닌 다른 공 간에서는 끊임없이 움직이기에 수맥이 인체에 해를 덜 끼치 게 된다. 그러나 상대적으로 침실에서 잠을 자고 있을 때에는 거의 활동을 하지 않고 한자리에 장시간 누워 있기에 수맥에서 나오는 파괴적인 힘은 인체에 지속적으로 작용하게 된다.

물론 수맥 위에서 하룻밤 잤다고 해서 크게 영향받는 것은 아니지만 그 횟수가 누적되어 보통 3개월 정도 지났을 때는 각종 질환들이 나타나기 시작한다. 그 초기 증상은 대개 불면증이나 악몽, 무력증 등으로 나타난다. 편두통이나 관절 류머티즘을 호소하는 사람도 있다. 고혈압인 사람이 수맥이 흐르는 방에서 장기간 잠을 잤을 때에는 영락없이 신체의 마비 증상을 동반한 중풍 환자가 되기 십상이다. 산모는 원인 불명의 유산을 하거나 심지어는 기형아를 출산할 가능성도 농후하다.

사람들은 흔히 한번 정한 잠자리는 쉽게 옮기지 않는 경향이 있다. 하지만 수맥으로 인한 질병을 앓고 있으면서도 이를 깨닫지 못하고 계속 같은 자리만을 고수한다면 병명도 알지 못하는 불치병으로 평생 고생할 수 있다. 쉬어서는 안 되는 곳에서 쉬다가 도리어 화를 당하게 되는 것이 바로 이런 경우이다. 이런 곳에서는 휴식을 취하여 피로를 풀기는커녕 도리어 피로가 누적되고 자칫 낫기 힘든 질병을 초래하게 된다.

잠시 쉬었다 가는 곳에서도 이러할진대 평생을 기거하며 생활해야 할 집을 아무 장소에나 지어도 된다는 생각은 그 발상 자체가 어처구니없다. 수맥으로 인한 피해는 수맥을 피함으로써 방지하는 것이 가장 좋다. 쉽게는 좁은 방 안에서 잠자리의 위치만 바꾸어 주어도 그 피해를 최소로 줄일 수 있다. 잠자리에서 허리 부분이 수맥에 노출되었던 사람이 잠자리의 위치를 조금만 바꾸었더니 요통이 사라진 경우도 비근한 예이다.

애초에 수맥을 차단하기 위해서는 주택 설계 시에 반드시 그 집터의 수맥 감정도를 작성하여 참고하여야 한다. 부득이한 사정으로 수맥이 지나가는 곳에 주거 공간을 마련해야 한다면 수맥 위에 수맥 차단판을 깔아 수맥으로부터 오는 힘을 최대한 막아 내야 할 것이다.

2. 수맥과 공부

극성스런 부모들이 많은 까닭에 우리나라는 이미 오래전부터 선진국보다 더 높은 교육열을 과시할 수 있었다. 맹모삼천지교는 옛이야기가 아니다. 내 아이의 공부를 위해서라면 열 번의 이사도 마다하지 않는 것이 요즘의 학부모들이다. 특히 입시생이라도 있는 집안, 고시 공부를 하는 자식이라도 가진 집안의 부모는 물심양면으로 아끼지 않고 오로지 공부를 위한 뒷바라지하기에 여념이 없을 정도이다.

과외를 시켜야 된다는 신념 아래 고액의 과외비를 마련하기 위해 파출부 일도 서슴지 않는다. 또 방이 없어 거실에서 잠을 자는 한이 있더라도 안방을 공부방으로 내주며 심리적인 안정을 도모해야 한다는 생각에 그야말로 상전 모시듯 자식에게 할 소리 한번 제대로 못하는 부모가 태반이다. 또한 수험생과 고시생은 그들 나름대로 잠을 줄이고 하고 싶은 일도 뒤로 미루면서 오직 공부에만 전념하곤 한다.

그러나 그런 학부모와 수험생의 헌신적인 노력에도 불구하고 그 노력들이 제대로 빛을 발하지 못하는 경우가 뜻밖에도 꽤 많다. 학생이 아무리 오랜 시간 책상 앞에 앉아 책과 씨름한다고 해도, 주위에서 공부할 수 있는 최상의 분위기를 만들어 준다고 해도 미처 대처하지 못한 하나의 원인으로 인해 그 모든 것이 헛된 노력이 될 수 있는 결과가 일어나는 것이다.

앞서 수맥이 인체에 어떠한 영향을 미치는가에 대한 설명에서 언급했듯 수맥파에 노출된 사람에게는 여러 가지 신체적, 정신적인 이상이 나타난다. 특히 신경이 예민하고 스트레스가 쌓여 있을 때는 인체의 저항력이 약해져 수맥파에 의해 영향을 더욱 많이 받는다.

입시를 앞둔 수험생, 고시를 앞둔 고시생은 물론 극도의 긴장 속에서 신경을 많이 써야 하는 연구직에 종사하는 사람 역시 이런 현상은 더욱 두드러질 수밖에 없다. 이들이 수맥이 지나는 방에서 잠을 자거나 공부를 할 경우, 특히 공부하는 책상 아래로 수맥이 흐른다면 그 결과는 불을 보듯 뻔한 것이며 수년간 공들여온 탑도 서서히 무너지고 만다.

머리 좋기로는 전교에서 몇 번째에 속하는데도 성적이 좋지 않아 노력이 부족하다며 항상 선생님과 부모님으로부터 핀잔을 받는 학생이 있었다. 그러나 실제로 그 학생은 밤잠까지 설쳐 가며 복습은 물론 예습까지도 철저히 하는 편이었다.

그런데 이상하게 시험만 보면 도무지 답이 생각나지 않고 암기한 것들이 기억나지 않아 결국 시험을 망치는 것이었다. 나름대로 열심히 하면서도 항상 성적이 엉망이니 자신감을 잃게 되었고, 공부에도 더 이상 흥미를 못 느껴 서서히 반에서 겉도는 학생이 되어 갔다.

나는 수맥 탓이 아닐까 생각이 들어 그 학생의 방을 탐사한 결과 책상 밑에서 보기 드물게 강한 수맥을 발견했다. 강한 수맥이 책상 밑으로 흘렀으니 수맥파에 무방비로 노출된 아이의 집중력이 무사할 리 없었고 기억력이 현저히 떨어지는 것 또한 당연했다. 그 외에도 수맥파의 영향 탓으로 열심히 공부했던 수험생이 아무리 하향 지원을 해도 시험만 보면 떨어지던 것이 수맥을 피하여 잠을 잔 뒤부터는 더욱 공부에 매진할 수 있었고 이제는 어엿한 대학생이 되었다는 등의 예는 부지기수이다.

경기도 일대에서 수맥을 탐사하며 수맥으로 인해 피해를 당하는 여러 사례를 조사할 때였다. 군포시에서 만났던 한 아주머니의 아들은 당시 고등학생이었는데 어릴 때부터 착실하

신경이 예민하거나 스트레스로 인체의 저항력이 약해지면 수맥파 영향을 더 받는다.

고 건강해서 항상 아들이 믿음직스러워 자식 자랑을 낙으로 여기고 있던 터였다.

　그런데 고등학교에 들어가서는 매사에 의욕이 없는 것 같고 성적도 자꾸 떨어지며 자잘한 병치레를 거푸 하더라는 것이다. 몸이 약해져서 그런가 하고 보약도 먹였지만 전혀 나아지는 기세가 없었다 한다. 하루는 아들을 불러 앉혀서 얘기를 들어 보니 책상에만 앉으면 졸음이 오고 밤에 제대로 잠을 못 잔다는 것이었다.

내가 아들의 방을 조사해 보니 그가 눕는 자리와 책상 부근에서 교차 수맥이 탐지되었다. 대학 입시도 얼마 남지 않아 극도의 긴장 속에서 생활했을 터인데 잠자리 밑으로 흐르는 수맥까지 그의 정신 건강에 해를 끼쳤으니 천하장사라도 견디기는 힘들었을 것이다. 즉시 내가 일러 준 대로 수맥 유해파를 차단한 결과 그는 예전처럼 몸이 좋아지고 활력이 생김은 물론 좋은 대학에 들어가서 이제는 어엿한 사회인으로 모범적인 직장생활을 잘하고 있다.

책상에만 앉으면 졸음이 쏟아지기 일쑤이고 항상 머리가 산만하여 정신 집중이 안 된다든지 잠자리가 편치 못하고 악몽에 시달리며 편두통이 심하고 몸이 뻐근한 경우가 있다. 그것은 공부방이나 연구실에 수맥이 흐른다는 증거이다. 만약 공부하는 학생이 이런 증상을 조금이라도 호소한다면 그 즉시로 수맥을 의심해 볼 필요가 있다. 사소한 것으로 여기고 방치하다가 그 기간이 길어진다면 공부는 두말할 것도 없고 건강에도 치명적인 악영향을 끼치게 될 것이다.

한창 커가는 학생들이 수맥의 피해자가 되어 자칫 한평생 후회하는 일까지 생길 수 있다는 관점에서 볼 때, 공부하는 학생을 가진 가정에서의 수맥 감정은 반드시 필요하다. 더욱이 가정에서 보내는 시간보다 학교나 학원에서 보내는 시간이 훨씬 많은 요즘 학생들의 상황을 고려한다면 집뿐만 아니라 학교나 학원, 독서실에서의 수맥 탐사 또한 절실한 현실임을 자각해야 한다.

3. 수맥과 학습 장애

수맥파는 공부하는 자녀들의 뇌파에 나쁜 영향을 주기 때문에 주의 산만으로 학습 능력을 충분히 발휘하지 못하고 기억력을 저하시키는데 이런 상태로 장기간 방치되면 심각한 학습 장애를 겪게 된다.

수맥과 학습 장애에 대한 다양한 사례

● 분당에 위치한 공공 도서관 열람실의 경우, 수맥 라인 위에서 공부하는 성인과 학생들이 공부하다 말고 보통 1~2시간씩 엎드려 잠드는 것을 볼 수 있다.

● 건국대학교 의과대학 정진상 교수에 따르면, 건강한 남자 30명을 대상으로 수맥 위에 신체를 1시간가량 노출시킨 뒤 뇌파와 심전도를 검사한 결과 정신 집중과 시청각의 기능 억제 현상이 발생하여 학습 장애를 유발함을 발견하였다(「수맥이 인체에 미치는 영향」, 1998년).

● 마포에 사는 초등학생 K군은 6년 동안 1~2등만 도맡아 했는데 중학생이 되어 이사한 후 열심히는 하는데 성적이 오르지 않았다. 강남 K 고교 3학년인 J군, 학교에서 가까

운 이모네로 옮긴 후 평소 수능 모의고사 360점이었던 것
이 생각지도 못하게 30점이나 하락했다. 두 경우 모두 수
맥 탐사 후 잠자리를 옮겨 주었더니 학습 능력 상태가 호
전되었다.

● 전직 음대 교수였던 J씨, 음악 학원 교사들이 한 달에 두
번 정도 바뀌고 배우는 학생들도 중도에 탈락하는 일이 많
았는데 학원에 수맥 차단 공사를 한 후부터는 학생이 중도
탈락하는 일은 거의 없어졌다.

● 1970년대 사법 고시 준비생, 사시 1차 합격 후 시골 고시
원에 가서 공부하다 위암 4기로 쓰러졌다. 고시원에 강한
수맥이 흐르고 있었으리라 추정해 볼 수 있다.

● 오스트리아의 케테 바흐러 박사는 학습 장애를 겪고 있는
학생들의 95퍼센트가 땅속에서 방출되는 수맥 유해파의
영향을 받는 수면으로 학습 능력이 떨어짐을 「수맥과 학
업 성적 간의 관계」에서 밝혔다. 연구 속 우르스리 양은 지
능이 높고 학식 높은 부모 밑에 태어났으나 성격이 침울해
지고 성적이 엉망이었다. 고집이 세고 공격적이었으며 일
을 잘 마무리하지 못하다가 쓰던 방을 옮긴 후에 모든 것이
호전(성적 향상, 성격 좋아짐, 주변의 칭찬)되었다고 한다.

수맥이 학습 장애를 유발할 때 나타나는 현상

● 잠을 자면서 식은땀을 흘려 이불이 젖는다.

- 잠을 잘 자지 못하거나 악몽을 자주 꾼다(수면 장애, 불면증).
- 늘 졸린 표정을 하고 있다.
- 아침에 학교에 가기 싫어한다(지각, 결석).
- 빈둥거리거나 쉽게 포기한다(외톨이).
- 잠을 자고 일어나도 피로가 풀리지 않아 괴로워한다.
- 멍하게 있거나 안절부절못한다.
- 머리가 아프고 몸이 뻐근하다고 한다.
- 책상에 오래 앉아 있지 못하고 밖으로만 나가려고 한다.
- 머릿속이 산만하여 정신 집중을 하지 못한다(집중력 부족, 이해력과 기억력 저하).
- 성적이 나쁘다(학습 장애, IQ 150이더라도 수맥 위에서 자고 공부하면 성적이 떨어지기 쉽다).
- 신경질적이거나 과민 반응을 보인다(반항적, 혹은 공격적인 행동).
- 식욕 부진, 배탈, 구토, 오줌싸개, 우울증 등이 오기 쉽다.
- 주의력 결핍증ADD, 주의력 결핍 과잉행동장애ADHD의 원인이 되기 쉽다.

참고 자료

- 차분히 생각하거나 명상이나 집중하며 공부할 때는 뇌파가 8~13헤르츠의 상태로 유지되어야 하는데, 비정상적인

진동을 하는 수맥파가 뇌파에 간섭을 일으켜 7.5헤르츠 상태로 떨어뜨려 집중력이 떨어지고 정신이 멍하고 흐려져 학습 장애를 유발한다.

● 네덜란드의 지질학자 트롬프 박사가 유네스코에 보고한 내용을 보면, 수맥은 우리 인체에 흥분을 유도하는 아드레날린 호르몬의 분비를 촉진시켜 심장 박동 및 산소 소비의 증가, 근육 긴장 등의 이상을 초래한다고 한다.

● 잠자는 시간에 유해한 수맥 파장을 장시간 받게 되면 이로 인해 생체 리듬이 방해를 받아 일어날 때 몸이 찌뿌둥하며 만사가 귀찮게 느껴진다(프랑스의 코비 박사는 뉴욕의 지구물리학 세미나에서 수맥파의 세기가 낮보다 밤에, 특히 새벽 3시경이 낮의 3배가량 더 세다고 보고한 바 있다).

제8장
수맥과 일상생활 2

1. 수맥과 교통

걸어서 공간을 이동하는 시대는 이미 지났다. 급속한 시대의 흐름에 따라 인간의 이동 거리 또한 길어졌다. 걸어서 그 흐름에 발 맞추자니 한없이 뒤처지게 되고 자연히 발 빠른 교통수단을 이용하는 시간이 많아지게 되었다.

차를 타고 가다 보면 걸을 때보다 일시에 더 많은 거리를 지나게 되고 우리도 의식하지 못하는 사이에 무수한 수맥 위를 지나치게 된다. 걸어 다닐 때는 계속 몸을 움직이기에 별 문제가 없다 해도 차 속에 가만히 앉아 있을 때는 다른 상황이 벌어지는 것이다.

장거리 여행객이나 오랜 시간 자동차를 몰고 다니는 기사들이 만성 피로를 느낀다거나 근육 무력증, 편두통, 무력감 등을 호소하는 일은 빈번하게 일어난다. 자동차에서 발생하는 전자기파의 영향인 경우도 일부 있지만 차를 타고 다닐 때 수없이 지나가는 도로 아래의 수맥파의 영향이 더 결정적인 원인이다. 특히 교통 체증이 심한 곳에서는 수맥이 흐르는 도로 위에서 무력하게 앉아 있는 경우가 흔하다. 자동차를 오래 탄 여성이 생리 불순을 호소하는 것도 마찬가지 관점에서 이해할 수 있다.

임산부가 자동차를 오래 타게 되면 태아에게 해를 끼치게 된다. 수맥에서 나오는 파와 자동차의 전자기파를 흡수할 수 있는 양수가 어느 정도까지는 태아를 보호할 것이라 믿고 방심할 수 있겠으나 그 횟수가 잦다 보면 유산되거나 미숙아나 장애아가 태어날 수도 있다는 위험한 사실을 명심해야 한다.

이 같은 상황에 대처하기 위해 일일이 지나다니는 길마다 수맥을 탐사하여 그곳을 비껴갈 수는 없는 노릇이다. 다만 수맥은 우리 일상생활 어느 곳도 무심하게 지나치지 않으며 그 폐해의 정도를 감수하기에는 아직 인간의 힘은 미약하다는 것을 깨닫고 그에 대처할 수 있는 현실적인 방안을 마련하는 것이 중요하다.

수맥 차단법에 대해서는 다시 자세하게 설명하겠지만, 우선 자동차를 이용한 이동 시 수맥의 영향권에서 벗어나기 위해서는 차체 바닥에 동판이나 알루미늄판을 부착하는 방법도 고려해 봄직하다. 아니면 좌석에 수맥 차단이 되는 방석을 놓아도 될 것이다.

버스, 지하철, 기차, 여객선, 항공기 등도 설계 시 객차(객실) 바닥에 수맥 차단을 의무적으로 시공하게 하면 승객의 피로 감소는 물론 운전자의 주의력을 집중시켜 대형 사고 예방에도 도움이 된다. 물론 이 문제는 단순히 개인적인 차원에서 해결하고 머물 것이 아니고 좀 더 과학적이고 체계적인 방안 마련을 위해 자동차 제조 회사, 국토교통부, 산업통상자원부 등 민관이 협력하여 범국가적인 차원으로 노력해야 할 것이다.

2. 수맥과 상가

거대한 거미줄같이 퍼져 있는 수맥은 우리나라처럼 인구는 많은데 국토가 좁은 경우 그 활용 면적을 제한하는 폭이 상대적으로 넓다고 볼 수 있다. 그런 만큼 수맥의 존재를 인정한다 하더라도 어쩔 수 없이 이를 무시하고 그 위에 건축물을 올리는 경우가 있는 것이다.

이것은 수맥의 무서운 파괴력에 대한 인식 부족에서 오는 어리석은 행동이다. 수천 년을 견뎌 온 산까지도 어느 순간에는 그 파괴력의 결과로 산사태가 일어나기도 하는데 말이다.

수맥에서 나오는 파괴적인 힘은 그 건물에서 생활하는 사람은 물론이거니와 가끔씩 들르는 사람에게도 그 음습한 기운을 발하여 자기도 모르는 사이에 사람들의 발길을 끊어 놓기에 충분하다.

수맥의 파괴 현상이 대규모 유통 상가나 백화점 등에서 일어난다면 시일이 지날수록 그곳에 드나들던 사람의 수가 줄어들 것이고 끝내는 폐점해야 할 지경에까지 이를 수 있다. 그렇게 되면 그 좁은 단위의 시장 경제는 당장 질서가 무너져 혼란이 일어나게 되고 그로 인해 경제적, 사회적 피해를 입는 사람의 수도 상당할 것이다.

작은 음식점이나 카페도 마찬가지이다. 유독 수맥이 흐르는 자리만은 사람들이 앉기를 기피하고 그 자리에 앉더라도 금방 자리를 뜨거나 말썽을 일으킨다. 이것으로 미루어 주택뿐만 아니라 상가를 포함한 건축물을 지을 때도 반드시 수맥 감정이 실시되어야 하며, 그 아래로 많은 양의 교차 수맥이 탐지되었을 경우 가능하면 공사를 포기하는 것이 낫다. 만일 어쩔 수 없이 시공해야 한다면 가능한 한 건물의 중심만큼은 수맥이 흐르는 지점을 피해야 한다.

흔히들 장사를 시작할 때 목을 따진다. 목은 기운의 중심이며 두 기운이 모이는 중요한 곳이다. 인체의 목, 손목, 발목을 비롯하여 골목, 건널목 등이 그 예이다. 상가로 쓰기에 가장 좋은 곳은 네 길의 기운이 만나는 사거리 교차로이다. 또한 지하철 역세권이라 하여 유동 인구가 많은 곳도 당연히 상가로 좋은 가치를 지닌다. 이쯤은 누구나 아는 이야기이다.

그런데 이런 기본적인 조건을 충족시키기 위해 비싼 보증금에 비싼 월세에 권리금까지 주고도 장사가 뜻대로 안 되는 경우가 꽤 있다. 이럴 때는 본인의 잘못도 있겠지만 수맥과의 연관성도 진지하게 고려해 보아야 한다. 업종에 따라 정도의 차이는 있겠지만 수맥의 존재 유무가 중요한 변수가 될 수 있다. 생각나는 대로 몇 가지 업종의 경우를 점검해 보겠다.

3. 수맥과 음식점

많은 사람이 창업할 때 음식점을 생각한다. 안 팔리면 남은 밥 먹으면 굶지는 않겠지 하는 안이한 생각으로, 거의 무한 경쟁에 가까운 음식 문화의 진화와 고객의 입맛이 날로 고급화, 세계화되어 가고 또 가성비를 따지는 현실을 바로 보지 못하여 어렵게 모은 투자금을 날리는 경우를 많이 보았다.

프랜차이즈 음식점 또한 마찬가지이다. 소수의 제대로 하는 가맹점 본부를 빼고는 감언이설로 희귀한 아이템을 내세워 가맹점을 실험 대상으로 가입을 부추기다 영업이 잘 안 되면 문을 닫아 버리는 경우가 많다. 이때 손해 보는 것은 서민인 영세 업주들이다.

예를 들어 삼겹살집의 경우 보통 성인 남자 네 명이 와서 삼겹살 6인분 정도에 소주 3~4병을 시켜 먹을 것을 수맥이 심하게 흐르는 경우 삼겹살 4인분(기본)에 소주 2병 정도만 먹고 일어서는 경우가 흔하게 생긴다.

수맥의 방사 자력이 이유 없이 고객을 불편하게 만들어 빨리 그 식당을 나오게 만들고, 다음에 그 식당을 가자고 하면,

에잇 딴 데 가자고 하는 경우가 많다. 음식이 괜찮아도 맛을 잘 모르게 되고 나름대로 친절하게 대해도 왠지 모르게 짜증을 내게 되는 것이다. 수맥이 고객의 미각을 둔화시키고 짜증을 유발하게 만드는 경우가 많다.

어느 흑돼지 전문점의 경우

10여 년 전의 이야기다. 출판사를 하던 시절 직원들과 매봉역 부근의 작은 식당을 가게 되었다. 그곳은 〈서서 갈비〉를 먹을 수 있는 둥근 드럼통 테이블 다섯 개 정도가 있는 아주 작은 식당이었다. 주인 내외는 사업하다 부도가 난 후 처음 식당을 차렸는데, 첼로를 하던 부인과 은행원이었던 남편이 사력을 다해 열심히 하고 가격도 저렴해 개업 6개월 정도 지나자 단골도 제법 생기고 어떤 날은 자리가 없을 정도로 손님이 꾸준했다. 나의 옛날 식당 시절이 생각나 반찬도 조언해주고 요리책도 선물하고 바쁠 때는 출판사 직원들과 내가 서빙도 도와주다가 형 동생 하는 사이가 되었다.

실제로 나는 25여 년 전 사업 실패 후 작은 일식당을 운영한 적이 있다. 4년 정도 직접 일식 주점 요리사를 하며 재기를 준비하던 시절이었다. 여담이지만 한식 조리사 자격증도 가지고 있으며 맛집 책을 준비한 적도 있고, 설렁탕, 순댓국, 감자탕 한 그릇도 차로 30분 이상 걸려도 찾아가 먹는 나름대로 미식가이다. 다음에 출판사를 또 하게 된다면『미슐랭

가이드』를 능가하는 제대로 된 음식 비평 잡지를 만들어 보고 싶다.

그 무렵 식당 건너편 건물주가 제의를 해왔다고 내게 상의를 했다. 건물 1층이 비어 있는데 권리금도 없고 보증금과 월세를 싸게 해줄 테니 더 넓은 그곳으로 옮겨 식당을 해보지 않겠느냐 했다는 것이다. 그 말을 들은 나는 우선 그 건물의 수맥을 감정해 보았다. 엄청난 강도의 수맥이 흐르고 있었다. 최근 2~3년 동안 4~5번 식당 간판이 바뀌고 비어 있는 이유를 알 것 같았다. 나는 그 건물 1층을 빌리라고 권했다. 개업 전 시설할 때 수맥 차단 알루미늄판을 손님 자리 전체에 깔았다.

부근을 탐색한 후 제대로 된 돼지고기 식당이 없는 점을 파악하고 그를 지리산으로 데리고 가서 토종 흑돼지 농장과 계약을 맺게 했다. 점심 메뉴로 돼지 앞다리 사골을 고아 묵은지를 넣은 〈토종 흑돼지 김치찌개〉만 팔고, 저녁엔 지리산에서 고속버스로 올라온 흑돼지를 걸어 놓고 고객들 앞에서 잘라 구워 주었다. 개업 3개월 만에 점심 때 3번 이상 로테이션이 되어 점심 매출만으로 월세와 부부의 인건비가 해결되었다. 수맥이 차단되었으니 손님들이 편안했고 귀한 토종 흑돼지를 저렴하고 푸짐하게 내놓았던 것이 주효했던 것 같았다.

내가 꼭 부탁했다. 3년만 눈 질끈 감고 고생해 보라고. 그런데 1년쯤 지나 식당에 손님들이 저녁에도 줄 서서 기다릴 정도가 되니 더 이상 중노동이 싫었는지 내게 알리지도 않고 (야단 맞을까 봐?) 식당을 권리금 6천만 원에 팔았다는 것이다. 그 후 다른 일을 하며 크게 빛을 못 보고 있다는 소식이 들려 안타까웠다.

식당 개업 전 유의 사항

● 믿을 수 있는 수맥 전문가에게 의뢰하여 식당 계약 전 수맥이 없는 점포를 고른 후 계약한다.

● 만약에 수맥이 있어도 정확한 차단재로 수맥을 차단하면 수맥이 없는 곳이나 같고, 또 권리금이 적거나 비어 있어 월세가 싼 경우가 많으니 걱정 말고 싸게 계약한 후 바닥 마감 전에 반드시 수맥 차단재를 깔고 개업하면 된다.

● 바닥을 뜯을 수 없어 그대로 사용해야 할 경우, 손님용 방석에 수맥 차단재를 넣고 의자 밑바닥과 테이블에 얼굴 숙이는 범위까지 수맥 차단재를 테이블 밑바닥에 부착한다.

● 식당 입구에 수맥 유해파를 차단하였다는 안내판을 부착하여 고객의 관심을 끌어 다른 식당과 차별화한다면 매각 시 권리금을 더 받을 수 있다.

4. 수맥과 숙박업소

여행을 가거나 출장을 다닐 때 고객들은 바쁘고 피곤한 일정을 마친 후 편안한 잠자리를 원한다. 집을 떠나 새로운 풍광과 낯선 음식을 먹으며 즐거워하지만 숙소에 수맥이 있으면 피로가 겹쳐 다음 일정이 귀찮고 짜증이 나기 쉽다. 수맥이 있는 곳에 계속 투숙하게 된다면 그 여행지 전체에 대해 불편함이 무의식 속에 남아 다음에 다시 가기를 꺼리게 된다.

특히 신혼여행이나 부부 동반 여행의 경우 강한 수맥이 침대 아래로 흐르면 원만한 부부 관계가 이루어지기 힘들다. 남자는 혈액 순환에 방해를 받아 발기력이 떨어지고 여자는 호르몬 분비가 원활해지지 않아 서로 피곤함을 빨리 느끼고 만족도가 떨어지게 된다. 반대로 수맥이 없는 곳에서는 남녀가 최선의 관계 속에서 희열과 만족감을 느끼고 신혼부부의 경우 임신 확률이 높아진다.

강원도의 복합 리조트 휘닉스 평창은 삼성그룹의 사돈 기업이어서 그런지 호텔 전체와 콘도 전체에 수맥 차단 시공을 하여 많은 고객이 몰리고 있다. 삼성그룹은 고 이병철 회장이 일본에서 수맥에 관한 정보를 알게 되어 시청 앞 삼성 본관을 비롯한 주요 회사와 호텔들에 수맥 차단 시공을 해오고 있다. 그것도 기업 경쟁력 때문인지 외부에는 비밀로 하고 있다고 한다.

많은 돈을 투자하고 호화롭게 인테리어를 해도 기대보다 고객이 많지 않을 때는 반드시 수맥 감정을 해볼 것을 권한다. 같은 지역에 있는 비슷한 규모와 시설의 두 호텔인데 한

곳은 항상 손님이 끊이지 않고 다른 한 곳은 한산할 경우 거의 수맥 탓이라 보면 된다.

수맥은 자는 동안 뇌파의 흐름을 교란시켜 편안한 수면 상태를 유지하지 못하게 하고 긴장이나 불안 상태로 바뀌게 하여 수면을 방해한다. 잠을 잘 자야 하루의 피로가 회복되고 편안함을 느낄 텐데 잠자리가 불편한 숙박 시설이니 당연히 외면받게 된 것이다. 숙박업소를 하려면 건축 단계에서부터 수맥을 차단하고 영업 중인 경우엔 잠을 자는 침실만이라도 필히 수맥을 차단하여야 한다.

숙박업소 개업 전 유의 사항
● 부지 선정 시 수맥이 없는 땅을 구한다.
● 부지의 수맥을 정확히 감정하여 반드시 수맥이 없는 곳에 건축물을 짓는다.
● 부지에 전체적으로 수맥이 흐를 경우 기초 공사 후 바닥 마감 전 수맥 차단판을 필히 시공하고 4~5층 단위로 추가 수맥 감정을 하여 촛불 현상을 방지한다.
● 현재 영업 중인 경우 정확한 수맥 감정 후 수맥이 있는 객실의 침대와 소파에 수맥 차단판을 설치한다.
● 숙박 시설에 식당을 같이 운영하는 경우 사상 체질별 식단을 뷔페식으로 차려 놓고 간단한 체질 감별을 하여 체질에 맞게 먹게 하면 고객 만족도를 더욱 높일 수 있다.

5. 수맥과 공인 중개사 사무실

공인 중개사 사무실은 고객이 편안하게 거래 대상 물건의 설명을 듣고 차분히 생각해 볼 수 있느냐가 매우 중요하다. 대부분 대로변 요지의 1층이어서 월세가 꽤 비싸 고전하는 경우도 많다. 문제는 고객이 들렀을 때 중개사가 설명해 주고 싶은 물건을 설명하는 동안 고객이 빨리 나가지 않고 차분히 기다려 주느냐 하는 것이 관건이다. 만약 고객이 앉는 소파 밑으로 강한 수맥이 흐를 경우 고객은 이유 모를 불편함을 느끼고 빨리 그 자리를 뜨고 싶어진다.

예를 들어 아파트를 사러 왔는데 나온 물건이 열 개가 있어 중개사는 다 설명을 해주고 싶은데 두세 개의 물건에 대한 설명만 듣다가 이유 없이 대충 흘려 듣거나, 휴대전화를 본다든지 마음속으로 다른 집에 가봐야지 하고 일어나서 가버리는 경우가 생긴다. 중개사 입장에서는 속상하지 않을 수가 없다.

번창하는 부동산 사무실로 수맥 감정을 나가 보면 공인 중개사 본인의 인상이나 친절함 등의 이유도 있겠지만 대부분 목의 좋고 나쁨을 떠나 사무실에 전체적으로 수맥이 없었고, 수맥이 있다 하더라도 정작 고객이 앉는 소파엔 수맥이 흐르지 않는 곳이 많았다. 반대로 손님이 거의 없어 월세도 밀리는 곳은 거의 강한 수맥대가 흐르고 있었다. 실로 안타까운 일이 아닐 수 없다. 중개사 사무실을 개업하거나 영업 중일 때 그 해결책은 다음과 같다.

공인 중개사 개업 시

사무실을 구할 때 신뢰할 수 있는 수맥 전문가의 도움을 받아 같은 조건이면 무조건 수맥이 없는 점포를 구한다(수맥 전문가에 대한 사례비는 아까워 말라. 중개 사례비 한 건에도 못 미친다. 1년에 중개 건수 수백 건이 영향받을 수도 있다). 만약 수맥이 있더라도 꼭 계약하고 싶은 곳이라면 바닥 마감 공사할 때 수맥 차단판을 깔면 된다. 바닥 마감이 되어 있는 경우엔 아래의 영업 중일 때와 동일한 방법으로 대처하면 된다.

영업 중일 때

수맥 전문가의 도움을 받아 수맥이 있는 곳을 정확히 감정하고, 만약 부분적으로 수맥이 있으면 고객용 소파를 수맥이 없는 곳에 두고, 전체적으로 수맥이 있어 피할 수 없으면 소파 밑과 의자 방석 안에 수맥 차단판을 깔아 준다. 몇 달 안에 그 차이를 확연히 느낄 것이다.

6. 수맥과 술집, 노래방

즐거운 마음으로 스트레스를 해소하기 위해 들르는 곳이 술집이나 노래방인데, 그곳에 수맥이 흐르면 뇌파를 불안정하게 교란하여 마음을 불편하게 만들고 짜증을 유발시킨다. 같은 대화도 부정적으로 듣게 되고 공격적으로 대응해서 즐거워야 할 시간을 완전히 망치게 되는 경우가 흔하다.

강남에 있는 주점 한 곳의 수맥이 있는 방 네 곳과 수맥이 없는 방 네 곳을 대조군으로 2개월간 관찰한 결과, 수맥이 없는 곳에서 1인당 마신 양주 평균 병수와 봉사하는 종업원의 평균 수고비가 수맥이 있는 곳보다 20~30퍼센트 높았다. 또 수맥이 있는 곳에서 4회 싸움이 일어나 그중 한번은 경찰이 출동하기도 했다.

물론 더 많은 사례 수집이 있으면 더 확정적으로 주장할 수 있겠지만 수맥의 존재 자체가 손님들을 불편하게 만들고 신진대사를 방해하여 매출을 떨어뜨린다는 것을 확인할 수 있는 좋은 사례였다. 그동안 나는 수맥이 흐르는 여러 업소의 수맥을 차단하고 이후 선보일 〈팔체질 감별〉을 통해 고객 개개인에게 맞는 술과 안주를 권하여 매출을 극대화하는 데 꽤 도움을 주기도 했다.

노래방 또한 마찬가지이다. 노래하는 사람 말고는 대부분 앉아 있는데도 한 시간조차 더 있지 않고 끝나는 경우가 많다. 그러면 다음에 그곳을 찾지 않을 확률이 높아진다. 경기도 나쁜데 수맥을 몰라 이중으로 고통받는 분들이 많아 안타까운 마음이다. 해결책은 공인 중개사 사무실의 경우와 같다.

7. 수맥과 미용실
예전에는 이발관이 많았으나 지금은 거의 사라져 남자들도 몇몇 남성 전용 체인점 말고는 대부분 여성을 대상으로 하는 미용실에서 머리를 깎곤 한다. 미용실 내부에 수맥이 있을 경우 고객들이 기다리는 동안 짜증을 내는 경우가 많다. 또 머리를 할 때도 마음에 들어 하지 않을 수도 있다. 수맥 유해파가 사람을 예민하게 만들어 괜한 불만을 느끼는 수가 많기 때문이다. 부정적인 시각이 생기기 때문에 다른 사람보다 예쁘게 안 깎아졌다고 생각하기도 한다.

수맥이 없는 미용실에서는 손님들이 옹기종기 모여 앉아 밝은 모습으로 시간 가는 줄 모르고 수다를 떨며 놀기도 한다. 동네 사랑방 역할을 하면 일단 그 미용실은 일차 고객 확보에 성공한 셈이다. 머리의 완성 형태는 주관적 판단에 좌우되는 경우가 많은데 수맥이 있으면 그 결과를 잘못되었다고 생각하기가 쉽다는 것이다. 열심히 사는 서민들에게 수맥은 공공의 적인 셈이다. 해결책은 앞과 같다.

8. 수맥과 목욕탕, 찜질방

요즘 목욕탕은 대부분 사우나 시설과 휴게 시설을 잘 갖추고 있어 일반 이용객뿐만 아니라 출장이나 여행 온 사람들이 사우나에서 숙박하기도 하고, 찜질방에서 친구들과 모임도 한다. 사람들이 많이 모여 있는 목욕탕과 찜질방을 수맥 감정해 보면 수맥이 없는 경우가 많다. 찜질방에서 지졌더니 몸이 개운해졌다고 좋아하고, 뻐근했던 몸이 사우나를 하고 나니 가뿐하다고 만족해한다. 휴게실에서는 즐겁게 모여 이것저것

시켜 먹으며 기분 좋은 휴식을 취하곤 한다.

반면 수맥이 흐르는 경우 찜질방에서는 허리를 지져도 도통 시원하지가 않고, 수면실에서 긴 시간 잠을 자도 쌓인 피로가 풀리기는커녕 도리어 온몸이 뻐근하고 찌뿌듯한 피로를 느끼게 된다. 인간은 본능적으로 수맥을 피하려는 능력이 있는데 갓난아기들은 몸을 굴리거나 기어 다닐 수만 있으면 수맥을 피해 달아나서 자는 경우가 많지만 나이가 들수록 그 능력이 둔화된다.

주로 나이 든 분들이 많이 이용하는 목욕탕이나 찜질방의 경우 그러한 본능이 무뎌져서 그런지 수면실에 머무는 동안에 몸이 불편함을 바로 알아채지 못해 수맥 흐르는 자리를 즉시 피하지 못하니 몸이 개운하거나 피로가 풀릴 리가 없고 다음에는 괜히 가기 싫게 되니, 비싼 시설비와 홍보비를 투자한 업주 입장에선 억울하기 짝이 없을 것이다.

당연한 말이지만 목욕탕이나 찜질방을 하기 위한 부지를 계약 전에 꼭 수맥 감정을 하여야 한다. 만약 어쩔 수 없이 수맥이 있는 곳을 선택해야 한다면 설계 시 수맥이 있는 곳엔 목욕 시설을 배치하고 수맥이 없는 곳에 수면실이나 휴게 시설을 배치하면 된다.

9. 수맥과 사무실

평소 잘 아는 한 회사의 사장과 얘기할 기회가 있었다. 그가 수맥의 존재를 인식하고 그 피해의 심각성에 대해 진지하게 생각하게 된 것은 나를 만난 이후부터이다. 그는 제일 먼저 자신의 집에서 수맥을 찾아내어 즉시 잠자리를 바꾸었고, 지인들을 만나면 적극적으로 수맥에 대해 설파하곤 했다.

그가 수맥에 대해 적극적인 관심을 가지게 된 계기는 다름이 아니라 그의 경험 때문이었다. 그는 동문 후배를 직원으로 채용하고 있었는데 그 후배는 처음 회사를 다닐 때만 해도 성실하고 모범적인 직장 생활을 해나가고 있었다. 사회 초년생답게 언제나 빠릿빠릿하고 참신한 아이디어를 제시하며 적극적이었으니 당연히 사장은 그 후배가 미더웠으며, 더더욱 후배의 행동거지 하나하나를 주시하게 되었다. 그러던 중 회사를 그만둔 직원이 생겨 새로운 분위기도 느낄 겸 실내 장식을 바꿔 보기로 했고, 그 참에 후배도 자리를 옮기게 되었다.

평소 눈여겨봤던 후배인지라 얼마 후부터 후배의 생활이 전과 같지 않다는 것을 그는 곧 느낄 수 있었다. 안색이 밝지 못했고 무엇을 시켜도 곧잘 잊어 버렸으며 동료들에게도 쉽게 신경질을 부렸다. 머리가 아프다며 약을 자주 먹더니 심지어는 일하지 않고 멍하니 앉아 있거나 꾸벅꾸벅 졸기까지 하는 것이었다.

걱정이 된 그는 행여 집에 무슨 일이 생겼나, 개인적인 고민이 있나 물어봤지만 전혀 그렇지 않다고 할 뿐이었다. 처음에는 단순히 어느 정도 적응도 되고 업무도 많아져 피곤해서 그런가 보다 하여 휴가도 주고 나름대로 배려를 아끼지 않았다. 그러나 시간이 갈수록 후배의 증상은 심해져만 갈 뿐 전혀 나아지지 않았고 결국 몇 달 후엔 사표를 쓰게 되었다. 그런데 기막히게도 그 후배는 곧 다른 곳에 취직하여 아직까지도 그 사장이 처음 봤던 모습 그대로 의욕적인 생활을 하고 있다는 것이었다.

내가 그분을 처음 만나 수맥 이야기를 했을 때 그는 다짜고짜 나를 끌고 바로 그 후배가 앉았던 자리로 데려갔다. 과연 그 후배가 앉았던 책상 아래로는 강한 교차 수맥이 흐르고 있었다. 사무실 아래로 수맥이 흐를 경우 나타나는 피해의 정도는 그 위에서 잠을 잤을 때처럼 극단적이지는 않다. 하지만 수맥에 대한 무지로 인해 그가 무능력하고 게을러서 업무적으로 성과를 올리지 못한다고 그 원인을 개인적인 차원에만 국한하여 생각한다면 한 사람의 사회생활을 위태롭게 만들어 버릴 수도 있다.

수맥으로 인해 직장 생활에 적응을 못 하고 낙오된 사람은 나아가 자신감을 상실하게 되고 자괴감에 빠져 자칫 사회적인 낙오자로 전락될 수도 있으니 이것 또한 여간 큰 문제가 아닐 수 없다. 한 회사의 경영자가 수맥 위에 앉아서 사무를 보면, 수맥의 영향을 받아 집중력이 현격히 저하되고 심리적으로 불안정한 상태에 빠지게 되어 업무에 착오가 생기고 정확한 판단하기가 쉽지 않다. 만약 회사의 사활이 걸릴 정도로 중요한 업무를 처리할 때라면 머리가 혼란한 상태에서 경영자가 내리게 될 그 결과가 어떠할지 불을 보듯 뻔하다. 결국 경영은 부실하게 될 것이고 그 회사는 간판을 내리게 될 것이다.

도심의 빌딩 숲에는 수많은 사람이 과중한 업무 속에서 생활하고 있다. 그런데 지하로 흐르는 수맥은 고층 건물까지는 그 파괴력을 발하지 못할 것이라 생각하고 방심하게 된다. 간혹 수맥 때문에 고층 건물에 사무실을 얻었다는 사람도 보았는데 그것은 수맥에 대한 개념이 전혀 없는 것이다.

수맥의 파괴력은 건물의 고저장단을 따지지 않는다. 1층에 세로로 균열이 나 있는 아파트의 경우 50층에서도 그것을 발견할 수 있는데, 이것은 지상으로 뻗어 나가는 수맥의 파괴력이 수직선상에서 아무런 장애도 갖지 않고 철근과 콘크리트 등을 통과한다는 걸 의미한다.

만성 스트레스 속에서 시달리는 도시인들이 수맥에 노출되었을 때 나타나는 피해의 정도는 더 크다. 극한 스트레스 상황에서는 수맥파에 대한 저항력이 현격하게 떨어지므로 수맥이 더욱더 기승을 부리는 것이다.

10. 수맥과 정밀 기기

과학의 발전은 실생활의 많은 부분에 응용되어 실효를 거두고 있다. 첨단 과학이 발달할수록 극도의 정밀성을 요하는 기기가 늘어가고, 웬만한 사무실이나 공장치고 정밀 기기 하나 없는 곳을 찾아보기 힘들 정도로 보편화되어 가는 추세이다.

이러한 정밀 기기는 그 사용과 보관에 있어서도 세심한 주의와 전문성을 요한다. 가정에서 흔히 사용하는 일반 가전제품을 위시한 모든 기기류는 언제나 사용 설명서와 주의 사항들을 세세하게 기록한 책자와 더불어 출고된다. 제품을 생산해 내는 공장의 기계나 최첨단 컴퓨터는 말할 것도 없다. 그만큼 사용과 보관이 까다롭다고 할 수 있다.

일단 한번 고장이 나게 되면 한 치의 오차도 허용치 않는 생산 과정이나 계산 등에 착오를 일으킬 수가 있으며 값비싼 인력을 낭비하는 것은 물론이다. 그런데 이런 기기일수록 수맥에 더 민감하게 영향받는다. 정밀 기기 밑으로 수맥이 지날 때에는 기기의 고장이 극도로 잦게 되는 것이다. 일반 가정에서도 이유 없이 TV나 컴퓨터가 자주 고장을 일으키는 것도 수맥파 때문임을 많이 확인할 수 있었다.

이것 또한 암벽의 파괴나 고층 건물의 붕괴와 같은 맥락에서 이해할 수 있다. 그러므로 몇 평 안 되는 좁은 공간의 사무실이라도 수맥과 정밀 기기는 상극이나 다름없다는 인식을 가지고 수맥 감정을 반드시 실시해야 한다. 수맥 하나 때문에 충분히 인력으로 예방할 수 있는 피해에 대해 방관해서는 안 될 것이다.

제9장
수맥과 자연계 1 : 동물

1. 수맥이 자연계에 미치는 영향

수맥은 자신의 보존을 위하여 지상으로부터 끊임없이 물 공급을 받아야 하며, 이를 위하여 수직선상으로 파괴적인 힘을 발한다는 것을 이미 여러 번 말했다. 그리고 이 파괴적인 힘의 결과는 미처 깨닫지 못하는 사이에 모든 생명체에 막대한 영향을 미친다.

특히 수맥은 인간의 생존과 밀접한 관련을 맺고 있는 동식물에게 더 큰 손해를 끼친다. 자연 상태에서 생겨나 성장하는 식물이나 야생, 또는 방목 상태의 동물은 그래도 그 피해를 보는 정도가 미약하다. 거친 환경 속에서 오랜 세월을 지내며 그곳에 적응하기 위해 나름대로 방법을 터득했기 때문이다. 동물은 한곳에만 머무르지 않고 생명에 위협을 느낄 정도가 되면 그곳을 피하여 다른 곳으로 이동할 수 있다.

그러나 생존에 대한 책임을 인간의 손에 내맡긴, 인간에 의해 가꾸어지고 사육되는 수목이나 가축은 수맥의 파괴력을 미처 피하지 못하고 천재지변에 못지않은 떼죽음을 당하기도 한다. 그것은 인간의 이기심에 의한 환경 오염의 결과와는 달리 인간의 의지와는 상관없이 진행되어 인간뿐만 아니라 자연계 전반에 파괴적인 힘을 발휘하는 수맥 때문이다.

환경 오염이야 인간의 노력 여하에 따라서 얼마든지 그 피해를 최소화할 수 있다. 더욱이 인간의 노력에 의한 문명의 긍정적인 발전은 나아가 환경을 급히 개선하고 도리어 자연에 혜택을 베풀 수도 있다. 그러나 수맥이 자연계에 미치는 폐해는 사전에 수맥 감정을 실시하여 수맥이 흐르는 곳을 피하거나 그에 대해 적절한 조치를 하지 않는 한 뒤늦게 애를 써도 소용없는 것이 되고 만다.

2. 수맥과 동물

자연 상태에서 생존하는 야생 동물이나 방목하는 동물의 경우 적극적인 몸부림으로 수맥의 사정권에서 어느 정도 벗어날 수 있어 식물의 그것처럼 수맥으로 인한 피해가 치명적이지는 않다고 볼 수도 있겠지만, 인체에 수맥이 치명적인 손해를 끼치는 것처럼 사육 동물 대부분에게 몹시 나쁜 영향을 미친다. 특히 야생 동물과는 달리 활동 범위가 극히 제한적인 가축의 경우 수맥이 지나는 축사에서 오랜 기간 사육될 때 확실하게 수맥의 영향을 받게 된다.

새끼를 낳아야 할 암컷은 수태가 안 되고 기껏 수태되었다 해도 사산하는 경우가 비일비재하며, 새끼는 충분한 영양 섭취에도 불구하고 살이 찌지 않고 나날이 말라 간다. 또한 수의사마저 알지 못하는 병으로 가축들이 죽어갈 때 일단은 수맥으로 인한 것이 아닐까 의심해 볼 필요가 있다.

수년 전 꽤 규모가 큰 양계장에 들렀을 때의 일이다. 그 양계장의 경우 열심히 일한 덕에 얼마 전부터는 축사를 증축하고 닭의 수를 늘려 더 크게 규모를 늘리게 되었다. 그런데 축사를 이전 증축하고부터 이상한 일이 발생한 것이다. 새 축사로 옮겨진 암탉들이 그때부터는 알을 잘 낳지 못했고 무엇이 불안했는지 밤이 되면 잠을 못 자고 밤새 홰를 치는 일도 있더라는 것이다. 심지어는 죽어 나가는 닭마저 있었으니 그 문제가 여간 심각한 것이 아니었다.

그 사연을 전해 듣고 나는 그곳에서 수맥을 탐지했다. 예상했던 대로 새로 증축한 축사 아래에 보기 드물게 큰 교차수맥이 자리하고 있었다. 동물뿐만 아니라 모든 생명체에는 자기의 생명을 보존하기 위한 본능적인 감지력이 있다. 인간보다 훨씬 뛰어난 감지력을 지닌 동물들은 그래서 천재지변이나 생명이 위협받을 만한 온갖 일이 일어나기 전에 본능적으로 감지하여 그에 대항하기 위한 일련의 행동하게 된다.

그 양계장의 닭들도 축사 이래로 엄청난 파괴력을 지닌 수

가축 동물은 수맥이 지나는 축사에서 오랜 기간 사육될 때 확실하게 그 영향을 받는다.

맥이 흐르고 있고 자신들의 생명이 위협받고 있음을 본능적으로 느꼈을 것이다. 수맥의 파괴력은 바위를 가르고 옹벽을 깨뜨리며 수십 층 고층 건물의 벽에 균열을 일으키는 정도이니 가축인들 무사할 리가 없었다.

야생 동물들은 수맥파와 지하 유해파를 본능적으로 피하기에 질병으로 죽는 일이 거의 없는데, 가축은 위험에 직면하고서도 스스로 피할 수 없어 질병에 잘 걸린다. 수맥파와 지하 유해파에 노출된 상태에서는 바이러스나 박테리아와 같은 세균의 번식이 활발해지고, 면역력이 떨어진다.

수맥파와 지하 유해파를 완벽하게 차단하면 동물들의 면역력이 강화되어 조류 인플루엔자이나 구제역, 광우병, 피부병 등과 같은 가축의 질병들을 예방할 수 있다.

3. 수맥 기피 동물과 수맥 선호 동물

동물 대부분에게 수맥은 나쁜 영향을 끼치기 때문에 많은 동물이 수맥을 싫어하고 피한다. 반면 적을 경계하거나, 먹이를 얻기 위한 수단으로 수맥파와 지하 유해파를 선호하는 동물들도 있다. 동물별로 수맥을 싫어하는지 좋아하는지를 구분하여 알게 되면 축산업 발전과 반려동물 사육에 큰 도움을 받을 수 있다.

수맥 기피 동물

● 소: 수맥에 노출되었을 때 소는 우유 생산량이 줄어들고, 유산을 하기도 하며, 구제역 같은 질병에 잘 걸리게 된다. 외양간의 소가 새 축사에서 병들어 누웠는데 수맥이 없는 곳으로 옮기니 곧 회복된 사례는 흔하다.

● 돼지: 수맥파와 지하 유해파에 가장 민감하여 발육 부진이 초래되며 이질에 잘 걸린다. 축사의 수맥 있는 곳의 암돼지는 유산이 잦지만, 축사의 위치를 옮기니 순산한 사례도 있다.

● 닭: 수맥이 있는 양계장의 닭들은 닭장 안에서 서로 싸우

고, 석회질의 부족과는 관계없이 알껍데기가 얇아진다. 수맥이 없는 곳에서 키우는 닭보다 평균적으로 산란율이 3분의 2 정도밖에 안 된다.

● 개: 개집이 있는 위치에 수맥이 흐르면 집에 잘 안 들어가려 하고, 주인을 잘 따르던 충직한 개도 주인이 수맥 자리에 누우라고 시키면 평소와 다르게 말을 잘 안 들으려 한다. 주인에 대한 충성심과 수맥을 피하려는 본능 사이에서 갈등하는 것이다.

● 양: 사람이 살 집터는 양들이 무리 지어 자는 곳이 좋다. 포유류 대부분은 본능적으로 수맥을 피해 생활하기 때문이다.

● 새: 〈제비는 행운을 집으로 가져온다〉, 〈황새는 갓난아기를 가져온다〉는 속담에서 새들은 수맥 없는 곳에 둥지를 틀고 새끼를 친다는 것을 유추해 볼 수 있다.

● 어류: 수족관이 수맥 위에 있으면 산란율이 떨어지고 알이나 새끼를 잘 잡아먹게 된다. 양식장의 어류 또한 마찬가지이다.

수맥 선호 동물

● 고양이(고양잇과): 수맥이나 자기맥이 교차하는 곳을 좋아한다. 야행성 동물이기에 낮에는 자고 한밤에 사냥하는데, 잠을 자면서도 다른 동물의 공격을 피하고자 깊은 잠

을 자지 못하는 특성이 있다.

- 개미: 고대 바바리아에서는 집을 짓기 위해 땅을 파기 전에 개미탑을 놓아 보고 개미가 달아나면 그곳에 침실을 설치했다.
- 벌: 벌은 특히 수맥을 좋아하며, 수맥 위에 벌통을 놓아두면 꿀 채취량이 40퍼센트 정도 더 늘어난다.
- 박테리아: 수맥 위에서 박테리아는 더 활발하게 증식하니 그 위에 자는 사람은 감염이 잘 되고 쉽게 악화한다.
- 그 외: 곤충과 기생충 대부분이 수맥을 선호한다.

4. 수맥과 축산업

글로벌 경쟁 시대에서 각국과의 자유 무역 협정FTA 체결에 따라 우리나라 축산업은 다른 나라와의 가격 경쟁력, 다국적 기업의 사료비 인상, 국내 소비 저하, 인건비 및 지가 상승 등 여러 가지 요인으로 힘들게 연명하고 있다. 또 지나친 공장식 축산에 의한 비위생적인 사육 환경, 가공 사료 사용으로 인한 항생제 남용 등으로 가축들의 면역 기능이 떨어져 구제역, 조류 인플루엔자 등이 번지면 걷잡을 수 없어 집단 폐사에 이르기도 한다. 더하여 수맥에 의한 피해까지 겹친다면 정말 우리나라 축산업의 미래는 암울하다 할 수 있겠다. 수맥은 사람과 마찬가지로 주요 가축의 편한 수면과 휴식을 방해하고 면역 기능 전반을 떨어뜨린다.

주요 가축별 수맥 피해 사례와 대책

● 닭

경기도 오산시에 있는 양계장의 사례다. 젊은 부부가 귀농하여 조그만 양계장을 열심히 운영하여 3천 마리 규모까지 키웠다. 모은 돈과 융자를 받아 2만 마리 규모로 새로 양계장을 지어 이전했는데 그 후 2년여 만에 조류 인플루엔자가 돌 때 닭들이 집단 폐사해 큰 충격에 빠진 상태였다. 수맥 감정 결과 이전의 양계장은 수맥이 거의 없었고 확장 이전한 곳에서는 센 강도의 수맥이 흘렀다. 다시 수맥 없는 곳을 찾아 1천 마리 규모로 사육 중인데 조류 인플루엔자 발생 때도 몇 마리 폐사에 그쳤다.

● 소

경기도 화성시에 있는 300여 마리 한우를 키우는 목장에서 수맥 감정 의뢰가 와서 방문하였다. 비교적 쾌적한 환경에서 소들을 키우고 있었는데 축사 중간중간에 수맥대가 있었고 특히 새끼를 임신한 암소들이 출산하는 축사에 강한 교차 수맥이 흘렀다. 암소들의 출산 장소를 꼭 옮기라고 지적하니 목장주는 그곳에서 여러 번 유산과 사산이 일어났다고 했다. 이후 유산과 사산이 거의 생기지 않았고 구제역 발생 시에도 별다른 피해 없이 잘 넘어갔다고 한다.

또 다른 경기도 포천시에 있는 젖소 목장에서 한 구역

내의 젖소 15마리가 집단으로 원인 모를 질병으로 일어나지 못했는데 수맥 감정을 해보니 강한 수맥이 있었다. 마침 수맥이 없는 다른 구역으로 옮기자 면역 기능이 회복되었는지 일주일 만에 다들 일어서게 되었고 마리당 착유량도 늘어났다.

● 돼지

강원도 홍천군에 있는 돼지우리의 암퇘지들이 유산하고 새끼 낳는 숫자도 줄어 수맥 감정을 해보니 강한 수맥대가 있었다. 수맥이 없는 곳으로 이전하니 유산도 하지 않고 낳은 새끼 수도 월등히 늘었다.

● 해결책

첫째, 수맥 감정을 하여 수맥이 없는 곳에 축사를 짓는다. 만약 수맥이 있어도 지어야 할 경우라면 바닥에 수맥 차단판을 깔고 콘크리트로 2센티미터 정도 타설 후 축사를 만들자.

둘째, 여건이 되면 가급적 방사한다. 방사하면 가축들은 갓난아기들이 몸만 굴릴 수 있으면 수맥이 없는 곳으로 옮겨 자는 것처럼 수맥을 피하려는 본능에 따라 수맥이 없는 곳에서 자고 분만을 한다.

셋째, 가급적 자연 농법으로 사육하고 자연 사료를 먹이고 항생제 사용을 자제하여 가축의 면역력을 향상시킨다.

5. 수맥과 반려동물

고독한 현대인들은 배신하고 말 잘 안 듣는 사람보다 충직하고 한결같은 반려동물을 더 사랑하고 마음을 주는 경우가 많다. 늘 가까이 두고 기르면서 〈반려〉동물이라고 부를 만큼 정서적으로 의지하고 애정을 주며, 아프거나 죽으면 가족 못지않게 걱정하고 슬퍼한다. 반려동물의 수맥에 대한 속성을 알면 그만큼 건강하게 오래 키울 수 있다.

● 개

개는 오랫동안 인간의 곁을 지켜왔고 인간에게 가장 충직하고 잘 따르는 동물이며 가장 많이 키우는 반려동물이다. 강아지를 키울 때 가장 좋은 방법은 정원에 넓은 공간을 마련하여 목줄을 매지 않고 펜스를 쳐서 키우는 것이다. 그러면 스스로 수맥이 없는 공간에서 쉬고 잔다.

수맥이 강한 곳에 사는 개들은 면역력이 떨어져 중병에 걸려 수천만 원의 병원비가 들고 의료 보험도 되지 않아 경제적으로 보호자를 힘들게 하기도 한다.

부득이하게 실내에서 키울 땐 개집을 처음부터 지정해서 놓지 말고 며칠 동안 강아지가 자는 곳을 지켜보고 그곳에 개집을 두면 된다. 즉 개는 수맥을 싫어해서 수맥이 없는 곳을 찾아 자는 것을 좋아한다. 수맥이 없는 곳이라야 질병에 대한 면역 기능도 활성화되고 생기가 넘친다.

● 고양이

약간 까칠하기는 하나 조용히 사람 곁을 지키는 고양이와 고양잇과 동물(주로 야행성 동물)은 대표적인 수맥 선호 동물로 수맥이 있는 곳을 좋아한다. 수맥이 없는 집에서는 고양이가 가출하여 잘 돌아오지 않기도 한다. 고양이도 처음부터 집을 정해 주지 말고 며칠간 자는 곳을 확인한 후 주로 자는 곳에 집을 준비해 주면 좋다. 당연히 고양이가 택한 그 부근에는 수맥이 많으니 사람이 자면 좋지 않다.

● 조류

조류는 수맥을 싫어한다. 닭과 마찬가지로 생각하면 된다. 까치집 밑에서 수직으로 수맥 감정을 해보면 대부분 수맥이 없음을 확인할 수 있다. 애완용 새는 풀어 주기 어려운 경우가 많으니 수맥 감정을 하여 수맥 없는 곳에 새장을 두든지 아니면 여기저기 몇 군데 새장을 놓아 보아 가장 활기차고 먹이도 잘 먹는 곳을 관찰하여 새장을 두면 된다. 새장 밑에 수맥이 있으면 잘 싸우고 알도 잘 낳지 않고 낳은 알도 잘 품어 주지 않는다.

● 어류

열대어나 민물 관상어를 반려동물로 키우는 사람도 꽤 많다. 수맥 위의 물고기는 식욕도 떨어지고 알을 잘 낳지 않고 서로 잡아먹기도 한다. 재미있는 것은 수족관 아래 수맥이 반은 있고 반은 없으면 물고기들이 전부 수맥 없는 쪽으로 모여 활동하는 현상을 관찰해 볼 수 있다. 새로 수족관을 들여놓거나 이사 왔으면 수족관을 여기저기 놓아 보고 물고기들이 활발히 움직이고 사료도 빨리 먹어 치우는 곳에 수족관을 두면 될 것이다.

6. 기타 동물 관련 산업

양봉업

양봉업에 종사하시는 분들 중에는 수맥을 선호하는 벌의 속성을 잘 몰라 벌통 위치 선정에 고심하며 고생하는 분들이 많다. 수맥 있는 곳에 벌통을 두면 번식도 빠르고 꿀 채취량도 30~40퍼센트 정도 늘일 수 있다.

동물원

얼마 전, 몸값이 자그마치 3억 원 이상 하는 서부고릴라의 번식을 위해 수놈을 데려와서 합방에 애쓰고 있다는 뉴스를 들었다. 이때에도 합방할 장소의 수맥 여부가 임신 가능성에 가장 중요한 변수가 될 것 같다. 다른 동물들도 수맥 선호 여부를 따져 조치를 해주면 우리나라 동물원들이 다른 어느 나라보다 경쟁력을 가질 수 있을 것이다.

아쿠아리움(대형 수족관)

관람료가 꽤 비싼 아쿠아리움은 큰 규모의 투자를 하는데 어류가 대부분이 수맥을 싫어하므로 바다 공사 시 수맥 차단을 해주면 많은 금액의 어류 구매비와 폐사율이 줄어들 것이다. 신선도가 생명인 횟집 수족관도 마찬가지이다.

제10장

수맥과 자연계 2 : 식물

1. 수맥과 식물

부자연스러운 몸짓이나 고통스러운 소리로도 그 의사를 전달할 수 있는 동물이라면 사육장 아래로 수맥이 흘러 자신이 고통스러울 때 수맥의 사정권에서 벗어나려는 움직임을 취할 수 있다. 그러나 붙박이로 일생을 한곳에서 살아야 하는 식물은 수맥의 영향으로 영양분의 공급에 어려움을 겪고 수분이 모자라 말라 죽을 지경이 되어도 제대로 의사 표현을 할 수가 없다.

인간은 오래전부터 산림의 무한한 혜택을 받으며 살아왔다. 오염된 대기를 맑은 산소로 정화해 주고, 초록의 산천은 인간에게 심리적인 위안과 더불어 아늑한 휴식 공간을 제공해 주었다. 그뿐만 아니라 폭설이나 폭우 등 천재지변이 닥쳤을 때도 울창한 산림은 인간의 보금자리를 지켜주는 데 절대적인 공헌을 하였다.

대자연 속의 넓은 공간을 차지하고 있던 수목은 산업 사회의 고도화로 인한 도시화가 진행되면서 빌딩이나 도로 같은 인간이 만들어 낸 시설이나 건축물로 그 자리를 옮겨 왔다. 일상생활에서 산림을 접하기 어려운 도시인들에게 가로수, 화단, 정원 등의 조경으로 그 역할은 계속 주목받고 있다. 마치 원래 상태의 자연을 그대로 옮겨다 놓은 것 같은 조림 사업으로 도시화에 따른 역기능 일부나마 해소하려는 것이다.

그런데 도시 곳곳에서는 이렇게 공들여 조성해 놓은 조경이 심하게 망가지는 예가 곳곳에서 발생하고 있다. 수십 킬로미터에 걸쳐 조성된 가로수 중 어떤 특정 지점에서는 아무리 훌륭한 육성 기술로써 나무를 심고 가꾸어도 잘 자라지 못하고 심지어는 고사목이 되기도 한다. 또 계획적이고 체계적인 조림 사업을 벌여도 어느 일정 부분에서는 몽땅 말라 죽어 버린다.

이러한 현상의 원인으로 대개는 토양이나 환경 오염을 들고 있다. 하지만 수목에 악영향을 미치는 실제 주범이 바로 수맥인 경우가 허다하다. 바로 고사목이 된 가로수나 기형적으로 성장하는 정원수 아래로 수맥의 방사 자력이 뻗어 나오고 있기 때문이다.

나는 그러한 예를 찾아 수맥 감정을 해본 경험이 있다. 그런데 수맥이 지나가는 곳에 있어 균열이 생긴 건물 주변에 심겨 있는 정원수나 가로수는 그 성장 상태가 좋지 않거나 급기

고사목이나 기형적으로 성장한 정원수 아래를 찾아보면 대부분 수맥을 발견할 수 있다.

야 말라 죽어 있었다. 즉 수맥이 흐르고 있는 건축물에서부터 수맥을 찾아 따라가 보면 멀지 않은 곳에서 죽은 나무나 그 나무의 밑동이 발견되곤 했다.

특이하게도 정원수가 지붕을 덮고 있는 집을 가끔 발견하게 되는데 이런 집안에는 우환이 끊이지 않고 정신 질환자까지 발생하는 때도 많았다. 이때 그 집 정원수에서 수맥 탐사를 해보면 어김없이 강력한 수맥파가 감지된다. 우물가에서 자라는 나무라면 그 가지가 휘거나 고사하는데, 이것을 우연의 일치로 치부하기엔 내 나름의 경험적인 통계가 평균을 훨씬 웃돌았다.

산속에 나 있는 길도 대부분은 수맥이 지나가는 곳으로 판명되었다. 그것은 수맥으로 인해 고사한 지점으로 사람들의 발길이 자연스레 찾아지니 자연 발생적으로 산길이 형성된 것으로 생각한다. 사무실 같은 좁은 공간 내에서 화초를 가꾸거나 꽃병에 꽃을 꽂아 두더라도 수맥이 지나가는 사무실에서는 아무리 정성 들여 가꾸어도 꽃이 더 빨리 시들게 된다.

이처럼 일상생활에 찌든 도시인들에게 미적 감흥을 느끼게 하고 심리적인 여유를 더해 주는 조림 사업도 수맥이 지나는 곳에서는 그 값어치를 잃게 된다. 그러므로 대규모 조림 사업을 벌이거나 정원을 만들 때는 반드시 사전에 수맥 탐사 후 수맥도를 작성하여 그 지점은 피해야 할 것이다.

2. 수맥 기피 식물과 수맥 선호 식물

사람과 동물 대부분에게 치명적인 해를 끼치는 수맥 유해파는 식물에도 선별적으로 손해를 끼친다. 물론 수맥을 선호하는 식물들도 상당수 존재하기에 수맥 유해파가 모든 식물에 손해를 끼친다고는 할 수 없다. 이에 정확한 수맥 감정법을 배우고 식물별로 수맥을 좋아하는지 싫어하는지 구분해서 재배한다면 조림 산업, 조경 산업, 농업 생산량 증대, 과수원과 원예 농가 소득 증대 등에 크게 이바지할 수 있을 것이다.

그러나 안타깝게도 현실은 국가 기관이나 농업 연구소, 각대학 농업 관련학과 등에서 수맥과의 연관성에 별로 관심을 기울이지 않고 있으며, 우리나라에서 해당 연구 분야에 관한 연구는 전혀 없는 실정이다. 수맥 관련 연구 대부분이 인간과 동물에 미치는 영향에 우선 관심을 쏟다 보니 식물 관련 데이터가 별로 축적되지 않았음을 안타깝게 생각한다.

수맥 기피 식물

배나무, 사과나무, 밤나무, 호두나무, 잣나무, 앵두나무, 라일락, 보리수, 해바라기, 미모사, 제라늄.

수맥 선호 식물

벚나무, 복숭아나무, 자두나무, 버드나무, 참나무, 버섯, 겨우살이, 엘더베리, 떡갈나무, 약초류 대부분.

사례

● 50년 묵은 사과나무가 수맥 위에서 곧게 자라지 못하고 휘어져 있고 가지가 굽고 수맥 없는 쪽의 가지에만 겨우

몇 개의 사과가 달리곤 한다.

● 수맥이 없는 곳에 있는 배나무는 키가 크고 튼튼하게 자라며 직선으로 자라 많은 배를 맺는다.

● 두 개의 수맥 교차점에 심은 사과나무는 암 같은 혹 덩어리가 가지에 생기고 성장이 부진해 열매를 맺지 못한다.

● 우물 바로 옆의 버드나무는 그 밑에 수맥이 있어도 잘 자란다.

● 떡갈나무와 참나무는 수맥과 친화력이 있어 천둥이나 번개 칠 때는 그 아래에 가지 말아야 한다.

● 수맥으로 인해 생긴 질병에는 수맥 선호 식물인 겨우살이가 잘 듣는다고 독일의 크래머 박사가 논문에서 밝힌 바 있다.

● 아파트 조경 공사 때 획일적으로 나무를 심지 말고 수맥 유무를 탐사하여 수맥이 있는 곳엔 선호 식물을, 수맥이 없는 곳엔 기피 식물을 심어야 한다. 수맥 유무를 따져 심으면, 하자 보수비가 30퍼센트 이상 줄어든 예도 있다.

● 과수원 땅을 구매할 때 재배할 과수의 수맥 선호 여부를 따져 땅을 사고, 수맥 선호, 혹은 기피 과수를 구분하여 심었더니 귀농 초보자임에도 불구하고 고소득을 올린 경우도 있다.

● 정원의 감나무에서 수맥이 있는 마당 위에 열린 감은 작고, 같은 나무의 가지가 수맥이 없는 옆집으로 넘어간 가

지에서는 훨씬 크게 열리는 현상을 볼 수 있다.

● 국가에서 조림 사업을 할 때 수맥 유무를 따져 심으면 고
사목을 줄여 예산 절감이 가능하다.

3. 수맥과 조림 산업

식민지 시대와 6.25 한국 전쟁을 겪고 벌거숭이가 된 우리 산
에 1960년대부터 시작된 조림 산업은 60여 년이 지난 오늘
날 우리에게 울창한 숲과 맑은 공기를 제공해 주고, 이제야
우리나라는 선진국다운 산림 자원을 가질 수 있게 되었다.

참으로 자연을 떠난 인간의 삶은 황폐하고, 존재 자체가
가능해질 것인가 하는 생각이 든다. 근래에 와서는 외래 수종
의 유입, 산업화로 인해 심한 공해, 무분별한 개발 등으로 숲
이 무참히 상처받고 있다. 또한 병충해 피해로 숲의 면적도
줄어가고 있다.

조림 계획 관계자들은 지금이라도 수맥과 나무의 상관관
계를 연구하여, 수맥이 있는 곳에는 수맥 선호 나무를 심고,
수맥이 없는 곳에는 수맥 기피 나무를 심어, 국민의 귀중한
세금 낭비를 막아야 할 것이다.

산림 연구 기관에서 묘목을 키울 때부터 같은 수종을 수맥
이 있는 곳과 없는 곳에 분리해서 심고 그 결과를 비교 검토하
여 수맥 선호종과 수맥 기피종을 파악해서 널리 알리고, 조림
사업 시 구분 식목하면 많은 예산을 절감할 수 있을 것이다.

4. 수맥과 조경 산업

신규 아파트 건설 시 법이 정한 비율의 조경을 의무적으로만 하던 시기는 지난 것 같다. 물론 그 이전에도 아파트 단지 안에는 어느 정도의 조경 시설이 있었다. 그렇지만 최소한의 조건만 충족했을 뿐 요즘 건립되는 아파트처럼 적극적인 의미의 조경은 없었다.

최근에는 아파트 단지 내 정원이 더 넓은 광장으로 바뀌는 추세이며 아파트 건설 분야의 새로운 유행이 되고 있다. 단지 내 특화된 조경이 아파트를 더욱 고급화하고 경쟁력을 높일 것이라는 인식이 본격화되면서부터이다.

그런데 간혹 아파트에 심은 나무 중 입주한 지 몇 년 되지도 않아 서서히 고사하는 경우가 있다. 내가 살고 있는 아파트도 신규 입주한 지 2년도 안 된 나무 다섯 그루 중 세 그루가 말라 죽어, 굴착기를 동원해 소음을 일으키며 하자 보수하는 것을 보고 여러 가지 생각이 들었다.

물론 병충해 탓이거나 애초에 불량 묘목이었을 수도 있겠지만 그렇지 않고 알 수 없는 이유로 나무가 고사할 때는 수맥 유무를 따져 보아야 한다. 1층 정원의 수맥을 감정해서 수맥 선호와 기피에 따라 나무를 심었으면 아까운 돈과 노력을 들이지 않아도 되지 않았을까 하는 마음이 든다.

5. 수맥과 과수원

FTA 등으로 물밀듯이 수입되는 수입 과일의 홍수 속에서 국내 과수 농가는 많은 어려움을 겪고 있다. 우리나라 지형의 평균 75퍼센트 정도가 수맥이 있다고 보고 수맥을 선호하는 수종을 많이 심으면 경쟁력이 있을 것이다.

외래 수종을 도입해 기업 형태로 영농할 때에는 현지를 방문하여 그 수종이 잘 자라는 곳의 수맥 유무를 감정하여 국내 재배지와 수맥 유무를 맞추어 재배하면 성공률이 높아진다.

참고로 과수원 땅에 수맥이 많은 곳엔 수맥을 좋아하는 복숭아나무나 자두나무를 심고, 수맥이 없는 곳에는 수맥을 싫어하는 사과나무나 배나무를 심으면 성장 속도도 빠르고 과일의 크기나 당도도 높아진다. 당연히 면역 기능도 제 능력을 발휘해 병충해에도 강하다.

유실수는 일단 한번 심으면 옮겨심기가 쉽지 않다. 땡볕에 구슬땀을 흘리며 고생하는 농민들이 수맥이라는 변수를 이해하여 적용해 봄으로써 고생한 보람을 얻는 데 도움이 되었으면 한다.

6. 수맥과 채소

자급을 목적으로 하는 소규모 개인 텃밭이나 주말농장과 같은 도시 농업의 경우엔 큰 문제가 아니겠으나, 도시 근교의 채소 농가 가운데는 한 가지 작물에 수억 원 이상씩 중점적으로 투자하여 채소 재배의 활성화로 고소득을 올리는 기업형 농가가 꽤 많다. 이런 곳일수록 자칫 수맥으로 인해 입게 되는 농가의 피해는 어마할 것이다.

각 지자체에서는 경쟁적으로 농업 기술을 보급하고 있지만 수맥과 관련지어 재배 기술을 보급하는 곳은 아직 없는 것으로 안다. 하루빨리 농업 기술 센터 등에서 수맥 유무에 따른 시험 재배를 통해 새로운 재배 기술을 널리 보급해 주었으면 좋겠다.

시험 재배 방법은 의외로 간단하다. 먼저 시험 재배 장소의 수맥 유무를 감정한 다음, 수맥이 없는 곳을 〈A 구역〉, 수맥이 있는 곳을 〈B 구역〉으로 구분하여 같은 작물을 같은 시기에 같은 조건으로 심는다. 그 후 구역별로 성장 속도, 병충해 방어 능력, 잎이나 열매의 크기, 당도 등을 종합적으로 비교해서 보면 될 것이다. 그렇게 하면 단시일 내에 과채류나 과수 묘목 등의 수맥 선호나 기피 여부를 쉽게 알 수 있게 된다.

7. 수맥과 농업용수

농업에서 농업용수가 가장 중요하다 해도 과언이 아닐 만큼 결정적인 역할을 한다. 농업용수가 부족하거나 오염이 된다면 농작물에 막대한 피해가 생기기 때문이다.

우리나라가 아직은 〈물 부족 국가〉로 분류되지 않았다 하더라도, 연 강수량 중 우리가 실제로 이용하는 양은 3분의 1에 불과하며 나머지는 증발하거나 하천을 통해 바다로 흘러가 버리니, 우리나라의 수자원 상황이 그리 넉넉하지는 않다는 것은 분명한 사실이다.

그런데 연 강수량의 총 이용량 중 매년 그 비율은 줄고 있기는 하지만 농업용수로 사용되는 양이 대략 40퍼센트로 아직은 부동의 1위를 차지하고 있으니, 해마다 어김없이 봄이면 가뭄이 들고 농업용수의 부족으로 농민들이 심각한 피해를 보는 경우가 더욱 잦아지고 있다.

주요 원인으로 여름에 강우가 집중되는 것을 꼽을 수 있겠지만 우리나라의 빗물 관리 정책에도 책임이 있다. 더불어 무분별한 지하수 개발도 일부 원인이다. 일단 아무 데나 뚫어 보고 물이 나오지 않거나 적게 나오면 관정(管井)도 메우지 않고 방치한 탓이 크다. 정확한 수맥 감정을 통해 제대로 된 한 군데만 파서 비용 낭비 없이 농업용수를 얻어야 할 것이다.

제11장
수맥 감정의 원리와 종류

1. 수맥 감정의 원리

이 세상의 모든 물체는 자석의 자력이라든가 만유인력과 같은 제 나름의 각각 다른 방사 자력을 내포하고 있다. 이러한 개개 물체에서 방사되는 미세한 전자기적 힘의 변화는 인체의 정신적인 집중력과 서로 합치될 때 정확한 반사를 경험할 수 있다. 반사란 어떤 자극에 대해서 기계적으로 일어나는 신체의 국소적인 반응, 즉 자극에 대해서 의지와는 관계없이 일어나는 반응을 의미한다.

수맥 감정에서도 이와 같은 원리는 그대로 적용되어, 수맥에서 방사하는 미미한 힘의 변화를 감지할 때 그 힘은 반사적으로 자기 팔을 통해서 표출된다. 육체적인 반사는 먼저 정신적인 추리와 주위 환경에 대한 상상과 그 형태들을 알아야 그에 대한 바른 반사작용이 나타나기 때문에 수맥 감정에서도 정신 자세는 매우 중요한 요구 사항이다.

정신적인 집중력에 의해 얻게 된 어떤 사실에 대해서는 그 결과가 육체적인 반사로써 표현되어야 과학적인 확신을 가질 수 있게 된다. 그리고 이러한 진보된 단계로의 진전은 반드시 우리 몸과 신경을 통해서 표출되어야 한다. 그런데 반사적인 운동은 아주 미미한 것이기에 이것을 좀 더 확대해서 명확히 알아볼 수 있는 도구를 필요로 한다. 작은 반응에도 예민하게 반응할 철사나 나뭇가지, 추 등을 생각하면 될 것이다.

2. 수맥 감정은 왜 필요한가

수맥 감정은 수맥을 찾아 인간 생활에 유용하게 활용하는 데 필요한 것이다. 적극적인 의미에서의 수맥 감정으로 우물 찾기, 지하수 관정 탐사, 온천수 개발 등이 그 좋은 예이다. 이 경우에는 바로 상업화로 연결할 수 있으므로 거액을 들여 수맥을 찾는 물리적 탐사법을 이용하는 것이 보통이다.

소극적인 의미에서의 수맥 감정은 수맥에서 나오는 해로운 기운을 피하기 위한 것이다. 예부터 주로 집터를 정하거나 묏자리를 쓸 때 이용되었는데, 정확한 수맥 감정법만 알면 전혀 비용을 들이지 않고도 감정이 가능하다는 이점이 있다. 이러한 수맥 감정법은 감정사의 숙련 정도에 따라 정확도 측면에서 큰 차이가 나게 마련이다. 그러나 끈기 있는 연습을 통하여 어느 정도 숙련만 된다면 감정의 정확도는 현대 과학으로 제작한 수맥 감정 도구에 비해 떨어지지 않을 것이다.

지하 깊숙이 숨어 있는 수맥을 찾기 위해서는 일련의 장치 및 감정 기법이 필요하다. 수맥 감정법에는 첨단 과학을 앞세운 다양한 과학적 방법과 예부터 널리 사용되어 오고 있는 고유 기법 등 몇 가지가 있다.

3. 수맥 감정은 누구나 가능하다

수맥 감정은 어느 특정인만 가능한 것이 아니라 누구나 가능하다. 인간은 물체에서 흘러나오는 방사 자력을 감지할 수 있는 뛰어난 능력을 본능적으로 가지고 있으며, 수맥에서 발산되는 방사 자력 또한 인간의 뇌에서 감지하여 그 파장의 정도를 손으로 전달받을 수 있다.

물론 일부 특별한 사람들은 수맥 감정에 필요한 별다른 도구 없이 손만 가지고도 수맥을 찾을 수 있을 정도로 감지력이 뛰어나기도 한다. 또한 수맥에 반응하는 개인별 체질의 차이, 즉 수맥 민감도에 따라 수맥 감정을 제법 쉽게 잘하느냐, 좀 더 노력을 기울여야 하느냐 차이가 있는 것은 분명하다. 하지만 무엇보다도 수맥에서 흘러나오는 미세한 힘의 변화를 숙련되게 감지하는 데에는 많은 경험과 부단한 노력이 요구된다는 것을 명심해야 한다.

수맥 감정에 있어서 중요한 위치를 점하고 있는 정신 집중의 능력을 배가하려면 우선 수맥을 찾으려는 마음가짐이 중요하다. 나도 수맥을 찾을 수 있다는 긍정적인 마음의 확신이 바로 성패를 가름하는 열쇠이자 선행 요소이다. 긍정적이고 성실한 자세로 끈기 있게 연습하는 것만이 수맥 감정 전문가가 될 수 있는 지름길이다.

4. 수맥 감정법의 종류

첨단 과학을 앞세운 현대적 장비를 갖추고 있다 하더라도 수맥을 정확하게 찾아내는 일은 생각처럼 쉽지 않다. 그것은 수맥의 흐르는 방향이 예측할 수 있게 규칙적인 것이 아니기 때문이다.

지하의 토양은 그 변화가 다양해 입자가 고른 모래가 있는가 하면 갑자기 거대한 암반이 나오는 예도 있다. 또한 지하로 흐르는 물은 가장 통과하기 쉬운 곳을 지나가기 때문에 일정한 방향으로 흐르다가도 갑자기 그 방향을 바꾸기 일쑤이다. 더러는 곡선을 이루기도 하고, 어느 때는 직선으로 흘러가기에, 첨단 장비로도 수맥의 줄기를 정확히 측정하기란 어렵다.

수맥 감정법에는 물리적 감정법인 전기 저항 측정법, 지진계에 의한 측정법, 전파 감정법, 중력 측정법, 자력 감정법, 온도 감정법 등이 있다. 일반적으로는 예로부터 널리 알려지고 사용되어 온 고유한 도구, 즉 수맥 감정봉, 나뭇가지, 추를 이용하여 수맥을 찾는 방법이 있다.

극소수의 초능력자들은 이러한 도구를 사용하지 않고 맨손의 기를 이용하거나 신체의 느낌으로 감지, 눈의 시선을 이용하여 수맥을 찾기도 한다. 이들 중에는 더 나아가 현장에 직접 가지 않고도 원거리 탐사가 가능한 사람도 있다고 한다. 그런데 이것은 수맥의 실체와 그 뚜렷한 영향에도 불구하고 이러한 초능력으로 찾는 수맥 감정법에 대해 아주 비현실적이고 비과학적인 방법이라고 생각되며 초능력은 가르칠 수도 없고 배울 수도 없다.

이 세상에는 아직 인간에 의해 밝혀지지 않은 자연 현상이나 법칙이 더 많다. 그리고 그것들은 모두 한낱 이상한 현상으로 치부되고 간과하기 쉽다.

인간은 진화 과정에서 어떤 사물이나 현상에 대해 사고하는 능력은 발달하여 왔지만, 원래 지니고 있었던 감각 능력은 많이 잃어버리고 무뎌져 왔다. 그래서 다른 생물들이 느끼는 감각을 인간이 느끼지 못하는 것을 흔히 보게 된다. 수맥에서 나오는 방사 자력도 그렇다. 이 모든 것은 어찌 보면 우리 인류가 앞으로 풀어야 할 또 하나의 매력적인 숙제가 아닐까 생각해 본다.

5. 물리적 수맥 감정법

전기 저항 측정법

전기 저항을 측정할 수 있는 장치를 이용하여 수맥을 감정하는 것을 전기 저항 측정법이라고 한다. 이때 공간의 간격이 크거나 수분 함유량이 적으면 전기 저항이 커진다. 반면 수분 및 염분의 함유량이 많으면 전기 저항이 작아지는데 이러한 원리를 이용하여 수맥을 찾아낸다.

이 원리로 측정한 결과를 분석하면 지하수층의 특성을 파악할 수 있을 뿐만 아니라 지하 깊은 곳의 수맥 감정까지도 가능하다는 것이다. 그러나 지하층이 세 개 이상의 층으로 형성되어 있는 경우는 불확실성이 높아져 정확도가 떨어진다는 점과 비용이 많이 든다는 단점이 있다.

지진계에 의한 수맥 감정법

지하 1미터 깊이의 지점에 음원(音源, sound source)을 설치한 후 음파를 발생시켜 미리 설치한 계기로부터 음사가 반사되어 도달되는 시간을 측정하여 수맥 감정을 하는 방법이다. 이 방법 또한 전기 저항 측정법과 마찬가지로 비용이 많이 드는 단점이 있다.

전파 탐지법

전파 탐지법으로는 가장 대표적인 〈와디〉라는 기계를 사용하는 방법이 있다. 먼저 컴퓨터에 분석 자료를 입력하기 위한 예비 조사를 하는데, 수맥을 찾고자 하는 해당 현장의 일정 폭을 일일이 센서 장치로 측정하고 그 측정값들을 종합적으로 분석하는 방법이다.

전파 탐지법은 비용이 상당히 많이 들 뿐만 아니라 측정하는 데 많은 시간이 소요된다. 그리고 무엇보다도 정확도가 낮아 신뢰도가 떨어진다. 이는 지하 암반의 균열 상태를 센서로 알아내어 그 정도가 심하면 수맥이 흐를 것이라고 유추하여 측정하는 데서 오는 오차이다. 암반 사이를 통과하는 수맥을 찾을 때 굴착 지점이 수맥이 위치하는 곳에서 1센티미터만 빗나가도 물이 전혀 나오지 않기 때문이다.

그 외의 물리적 수맥 감정법

인공위성을 활용하는 방법도 있다. 그러나 이 방법 또한 경제적인 측면에서 효용성이 거의 없어, 한번 이용하기가 쉽지 않다. 고도의 기술력이 있어야 하는 중력 측정, 자력 감정, 온도 감정 등의 방법도 계속적인 개선이 이루어지고는 있으나 그 기술이 난해하여 일반인이 이용하기에는 적합하지 않다.

첨단 과학을 앞세운 현대 장비를 가지고 수맥을 감정하는 방법들은 주로 온천이나 지하수 개발 등에 이용되고 있다. 그러나 이러한 물리적 감정법은 인간의 능력으로 직접 수맥을 탐사하는 방법에 비해 시간이나 비용 면에서 그 효용성이 떨어지는 듯하다. 현대 과학의 획기적인 발전에도 불구하고 수맥을 정확하게 찾아내는 완벽한 기계적인 장치는 아직 미완의 숙제로 남아 있다.

제12장
수맥 감정 실제 연습법

1. 수맥 감정 연습

수맥 감정을 위한 가장 좋은 연습법은 간단하게 감정 도구 (또는 철사, 나뭇가지, 추도 가능)를 들고 수맥이 흐르는 곳, 쉽게 수맥이 있음을 알 수 있는 곳으로 직접 나가 연습하는 것이다. 이때 수맥 위에서 감정 도구가 어떻게 반응하는지를 유심히 관찰하고, 수맥이 흐를 만한 다른 장소에서도 똑같은 반응을 기다리는 것을 반복하여서 연습하면 된다.

지하수, 우물 자리에서 연습

초보자가 연습하기 위해서는 지하수를 개발하여 사용하고 있는 곳이나 우물이 있는 곳에서 연습하는 것이 가장 좋다. 그것은 지하수나 우물물은 대부분 수맥이 지나가는 자리 위에서 형성되기 때문이다. 단 주의할 것은 지하수나 우물에 지표수가 흘러들어 형성된 곳은 제외해야 한다는 것이다.

먼저 우물가에서 자세히 관찰하면 수맥에서 나오는 방사자력으로 인해 어느 특정한 부분에 일정한 방향으로 미세한 균열이 나 있는 것을 찾아볼 수 있을 것이다. 그 부분을 중심으로 감정 도구를 들고 서 있으면 어느 지점에 이르러 감정 도구가 자연스럽게 반응하게 된다. 그 지점에서 일직선상으로 여러 번 왕복하다 보면 수맥의 방향도 탐지할 수 있다.

주변 계곡이나 산 등에서 연습

어느 정도 자신이 생긴다면 다음 연습 단계로 넘어간다. 물이 흐르고 있지는 않지만 습기가 많은 계곡을 찾아보는 것이 좋다. 이런 곳에는 거의 틀림없이 수맥이 흐르고 있으며 그 양도 엄청나기에 수맥파에 의한 감정 도구의 반응을 쉽게 관찰할 수 있다. 그리고 그 반응을 따라가다 보면 샘이 있거나 물이 고인 계곡을 발견할 수 있을 것이다.

산에서 혹시 물소리는 들리는데 물이 보이지 않는 곳이 있다면 역시 수맥이 흐르는 자리이니 그런 곳에서 수맥 반응을 관찰하면서 연습해 보면 좋겠다. 또한 비탈의 나뭇가지가 유독 한 방향으로만 기울어져 있는 곳이나 두 개의 산등성이가 하나로 모인 곳도 수맥이 흐르고 있을 가능성이 크다. 이 밖에 지반이 현저히 내려앉았거나 습기를 좋아하는 식물이 군락을 이루고 있는 곳도 수맥 감정 장소로 고려해 볼 만하다.

대형 수도관이나 균열 있는 건물을 찾아 연습

도시에 살고 있는 사람은 자주 계곡이나 야외로 나가기가 쉽지 않다. 이때는 대형 수도관을 목표로 삼아 감정 연습을 해볼 것을 권한다. 먼저 수도꼭지를 중심으로 감정해 가다 보면 반드시 수도관이 위치한 쪽으로 감정 도구가 반응을 보이기 때문이다.

수맥 감정에 조금씩 자신감이 붙고 그 요령을 어느 정도 터득했다면 가까운 곳에 있는 주위 건물이나 외벽, 시멘트 방바닥, 포장된 도로의 균열 상태를 보고 수맥의 존재 여부를 판단할 수 있다. 그런 곳에서는 거의 예외 없이 수맥파를 찾아낼 수 있으며 그 피해의 심각성을 조금이나마 몸으로 느낄 수 있을 것이다.

초보자의 경우 쉬운 수맥 감정이라 할지라도 처음부터 잘되는 사람이 있는가 하면 웬만큼 연습해도 잘되지 않는 사람도 있다. 하지만 잘된다고 안심하고 안 된다고 상심할 것이 아니라 각기 다른 상황에서 제각각 나타나는 반응이 다르다는 것을 알고 그 감을 느끼도록 부단한 연습을 해야 한다.

이때 명심할 것은 수맥 감정에만 너무 집착하다 보면 오차가 생기기도 하거니와 그로 인해 쌓이는 피로감도 상당할 것이니, 똑같은 형태의 연습을 여러 차례 반복할 때는 일정한 시차를 두고 쉬어 가면서 하는 것이 바람직하다.

2. 나뭇가지를 이용하여 수맥 찾기

표준적인 나뭇가지의 모양

나뭇가지로 수맥을 감정하는 것은 일종의 라디에스테이지 원리를 이용하는 방법이다. 계절은 상관없지만, 반드시 현지에서 직접 준비한 마르지 않은 살아있는 가지여야 하며, 나뭇가지의 성장이 진행되고 있는 끝부분은 자르지 말고 그대로 두는 것이 좋다. 특히 유연성이 좋고 수맥을 선호하는 버드나무 가지가 가장 좋다.

Y자 형태의 가지를 잘라서 그대로 쓰면 된다. 적당한 것이 없으면 두 개의 나뭇가지를 서로 묶어 사용할 수 있는데 공통으로 물기를 어느 정도 품고 있는 나뭇가지여야 한다. 가지의 끝을 기준으로 해서 약 40센티미터 정도가 되도록 자른다. 나뭇가지가 너무 굵으면 그 자체의 무게로 인해 스스로 휘어질 가능성이 있으므로 좋지 않고, 대강 지름 5밀리미터 이하면 적합하다.

알맞은 규격의 나뭇가지 두 개가 준비되었다면 굵은 실로 너비 1~2센티미터 정도 되도록 같이 묶어 주는데, 이때 묶인 부분이 자칫 헐거워져서 스스로 움직이거나 비뚤어질 수 있으므로 힘차게 당겨 단단히 묶어야 한다. 그런 다음 묶인 부분이 수평을 이루는 한도 내에서 가지의 끝부분을 살며시 잡고 전후좌우로 움직여 본다.

Y자 형태의 나뭇가지를 이용하여 수맥을 찾을 수 있다.

나뭇가지로 수맥 찾기

편안한 마음으로 나뭇가지를 양손에 잡고 보통 걸음으로 걷는다. 계속 걷다 보면 수맥이 흐르는 지점에서 묶인 부분이 서서히 아래로 휘어질 것이다. 사람에 따라서는 위로 슬며시 올라가기도 한다. 이러한 반응이 나타나는 곳에서 발걸음을 멈추었을 때 바로 그 발이 놓여 있는 장소 아래로 수맥이 흐른다.

여기서 멈추지 말고 다시 나뭇가지를 수평으로 유지한 채 다른 곳으로 계속 이동하면서 반사 상태를 지켜본다. 같은 동작으로 장소를 바꿔가며 계속 반복하다 보면 반응이 있는 곳과 없는 곳의 구분이 확연하게 느껴질 것이다. 나뭇가지가 휘어지는 정도로 수맥의 양이나 파괴력 정도를 판단할 수 있다.

나뭇가지를 이용하여 수맥을 감정하는 방법은 요즘은 많이 사용하지 않고 있다. 아마도 더 쉽고 편리하게 수맥을 찾을 수 있도록 고안된 수맥 감정봉이 개발되었기 때문이다.

그리고 무엇보다도 이 방법은 감정하는 사람의 수맥에 반응하는 체질(수맥 민감도)에 따라서, 그리고 감정에 사용되는 나뭇가지의 종류와 상태에 따라서 수맥을 찾는 데 걸리는 시간과 반응 강도 등이 현저히 달라져 전문적인 수맥 감정을 하기에는 정확도가 떨어진다.

3. 수맥 감정봉으로 수맥 찾기

수맥 감정봉의 일반적인 형태

초보자들이 간단히 제작하여 사용할 수 있는 수맥 감정봉의 일반적인 형태는 다음과 같다.

조금만 힘을 주어도 잘 휘어지는 길이 약 60센티미터의 보통 철사 두 개와 길이 15센티미터 정도에 굵기 1센티미터 이내의 파이프 두 개를 준비한다. 간단하게는 볼펜대와 세탁소의 철사 옷걸이를 알맞은 길이로 잘라서 사용해도 좋겠다.

철사와 파이프의 길이는 일률적으로 정해진 것은 아니며 약간의 차이가 있어도 관계없다. 하지만 초보자에게는 위에 제시한 규격의 도구가 가장 적합할 것이다. 재질은 같은 것이 가장 좋으며, 가능하면 준비한 철사가 자유로이 움직일 수 있어야 한다.

철사의 한쪽 끝부분을 15센티미터 되는 지점에서 구부렸을 때 눈으로 보아서 철사의 긴 부분과 짧은 부분이 이루는

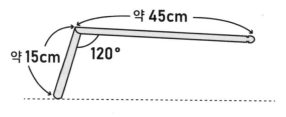

약 45cm

약 15cm

120°

수맥 감정봉의 표준 규격과 각도는 위와 같다.

각이 120도 정도가 되어야 한다. 그런 다음 그것을 미리 준비한 볼펜대나 파이프에 꽂아서 사용한다.

스프링으로 제작한 몇십만 원짜리 감정봉이나 지기를 찾는다는 고가품은 별 의미가 없다고 본다. 알맞은 규격으로 제대로 만든다면 감정 효과에는 별 차이가 없다.

수맥 감정봉의 기본자세

첫째, 평행 상태의 감정봉을 가슴 높이에서 가볍게 든다. 봉의 수평은 180도-10도, 양손에 쥐는 부분과 수평선의 각도는 90도-5도를 유지해야 한다.

둘째, 수맥이 흐르는 곳에서 감정봉의 양끝이 자연스럽게 안쪽으로 모인다. 봉 끝이 밖으로 벌어진 상태에서는 절대로 수맥 감정을 할 수 없다. 수심이 깊을수록 봉 끝이 더 안쪽으로 모이고 수맥이 끝나는 지점에서는 저절로 기본자세로 되돌아온다.

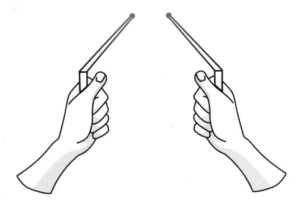

수맥 감정봉은 평행 상태의 감정봉을 가슴 높이에서 가볍게 드는 것부터 기본이다.

수맥 감정봉은 양손 사이의 간격을 대략 40센티미터 정도로 유지해 주면서, 가슴 높이에서 거의 평행이 되도록 가볍게 들어 준다. 이때 엄지손가락이 정면을 향한 상태에서 수평을 유지해야 하며, 수맥 감정봉의 쥐는 부분은 집게손가락의 두 번째 마디에 닿도록 하고, 짧은 쪽 끝은 엄지손가락 안쪽과 맞닿도록 위치를 조정한다.

초보자의 경우에는 수맥 감정봉의 앞쪽을 약간 모아서 살짝 아래로 숙여주는 것이 수맥 감정에 더 유리하다.

특히 주의할 점은 손에 힘을 충분히 빼주어 수맥 감정봉의 움직임을 자유롭게 만들어야 한다는 것이다. 감정봉이 자유롭게 움직이는가를 알아보기 위해서는 다른 사람이 약간의 힘을 주어 감정봉 양쪽 끝을 톡 쳐보게 하면 된다. 이때 감정봉의 양끝이 수맥 위에서 반응하는 것처럼 안쪽으로 모이는 데 안으로 모였던 상태를 유지하지 못하고 다시 제자리로 돌아간다면 손에 힘이 들어갔다는 신호이므로 세심하게 주의를 기울여야 한다.

초보자 대부분은 감정봉의 진동에 대한 확신이 약하다. 자기 손의 진동이 옮겨진 것인지 아니면 진짜 수맥에 대한 반응인지 감을 잡기 어렵겠지만 반복된 연습을 통하여 충분히 극복할 수 있는 문제이니 걱정하지 않아도 된다.

몸은 최대한 자연스럽게 하고서 팔꿈치는 겨드랑이에 가볍게 닿을락 말락 하는 것이 좋다. 초보자는 자세가 익숙해질 때까지 팔꿈치를 가볍게 겨드랑이에 붙이는 것이 오히려 도움이 되는 예도 있다.

수맥 감정봉을 이용하여 수맥 찾기

수맥 감정봉은 지하 수맥파의 방사 자력이 내 몸을 통과하여 감정봉을 움직이게 하는 원리이므로, 정확한 수맥 감정을 위해서는 정신적 자세와 신체적 자세가 동시에 요구된다.

무엇보다 심리적으로 안정된 상태에서 나타난 반응이 가장 정확하다. 이를 위해서 먼저 마음이 차분해지도록 몸가짐을 편안하게 하고 호흡을 가다듬어 안정을 취한다. 그런 후 나도 수맥을 찾을 수 있다는 긍정적인 마음을 가진다.

정확한 신체적인 자세를 위해서도 계속 노력해야 한다. 수맥 감정봉을 쥐는 자세가 어느 정도 유지되면 평소 걷는 것처럼 자연스럽게 걷는데, 보통 걸음을 기준으로 개개인의 보폭이나 속도가 정해진다.

걸음의 넓이나 속도에 따라 수맥 감정봉의 반응이 달라진다는 것을 염두에 둔다. 즉 빨리 걸으면 반응 속도가 빠르고 강하게 나타나지만, 천천히 걸을 경우는 그 반대로 반응 또한 약하게 나타나는 것이다.

이렇게 양손에 각각 감정봉을 하나씩 들고 전후좌우로 걷다 보면 감정봉에 반응이 나타나기 시작할 것이다. 마치 자석의 양극 간에 나타나는 자력처럼 감정봉의 양 끝이 자연스럽게 안쪽으로 몰리게 된다.

이때 절대로 감정봉을 내 손으로 움직여서는 안 된다. 상하로의 움직임은 큰 상관이 없지만 좌우로 흔들릴 때 수맥 감정이 불가능해지기 때문이다.

이러한 반응이 나타나는 지점에서 수직으로 파 내려간다면 확신하건대 수맥이 흐르고 있다. 정확한 지점은 감정봉 양 끝이 몰리는 지점이 아닌 걸음을 떼어놓은 앞발의 위치이다.

최초로 수맥의 반응을 탐지한 지점을 축으로 하여 전후로 오가다 보면 감정봉이 다음으로 반응하는 곳이 있을 것이다. 이 두 지점을 일직선상으로 하여 왕복하다 보면 어느 한쪽에서만 반응을 감지할 수 있게 된다.

수맥파는 진행 방향의 순방향에서 감지되는 것이 아니라

역방향에서 감지되므로 이 점 꼭 기억해 두길 바란다. 즉 수맥이 흐르는 방향으로 걸으면 반응이 나타나지 않지만, 거슬러 올라갈 때는 반드시 일정한 반응이 나타나게 된다.

물줄기의 양 끝 지점에서도 감정봉은 반응한다. 이것은 물줄기의 중앙이 아니라 가장자리 지점에서 수맥의 방사 자력이 발산된다는 것을 나타내 주는데, 이것으로도 수맥이 흐르는 방향을 가늠해 볼 수 있다.

4. 정확한 수맥 감정을 위한 정신적 자세

정신 집중
수맥 감정 이외의 다른 생각을 하지 않아야 한다. 오직 수맥의 유무를 내가 집중해서 탐사한다는 생각만 하여야 한다.

수맥의 존재 인정
땅 밑에 수맥이 있고 그 수맥은 용출 후에는 인간과 자연계에 없어서는 안 될 존재이지만 용출 전에는 악마처럼 인간과 대부분의 자연계에 나쁜 영향을 미친다는 점을 항상 상기하여야 한다. 수맥이 없다고 부인하면 감정봉은 움직이지 않는다.

수맥 감정봉의 효능 인정
수맥 감정봉으로 땅속의 수맥을 정확히 찾아낼 수 있다는 생각을 하여 수맥 감정봉의 수맥 찾기 효능을 인정하여야 한다.

선입견 배제

이곳에 수맥이 있다 혹은 없다는 생각을 미리 하면 안 된다. 선입견은 감정봉에 영향을 끼쳐 자신도 모르게 틀린 결과를 낳는다.

긍정적인 자신감 유지

다른 사람은 잘되는데 나는 잘 안 된다는 부정적인 생각은 금물이다. 잘할 수 있다는 긍정적인 자신감을 가지고 임한다.

타인의 시선 무시

야외로 수맥 감정을 나가보면 신기하게 쳐다보는 사람이 많은데 나를 어떻게 생각할까 하는 생각을 할 필요가 없다. 당신들의 건강을 위해 내가 애쓰고 있다는 마음을 가지며 다른 사람의 시선이나 생각을 무시한다.

5. 정확한 수맥 감정을 위한 신체적 자세

수맥 감정봉의 폭 유지

초보자는 수맥 감정봉의 폭을 어깨 넓이로 유지한다. 폭이 그보다 좁아지면 좁은 수맥 띠를 찾기 어렵다. 걸어 다니는 동안에 그 폭이 좁아져서도 안 된다.

수평 유지

수맥 감정봉의 긴 수평 부분은 수평에서 10도쯤 아래로 숙인다(180도-10도). 위로 올라가면 수맥 감정봉의 끝부분 무게 때문에 저절로 돌아가 버리고, 너무 숙이면 잘 움직이지 않게 된다.

수직 유지

양손에 쥐는 수직 부분은 90도에서 5도쯤 안으로 모은다. 수맥 감정봉이 밖으로 벌어지면 수맥이 있어도 안으로 들어오지 않는다.

사다리꼴 유지

위에서 보면 앞으로 나란히 자세에서 양끝 부분이 안으로 약간 들어온 사다리꼴이 정확한 기본자세이다.

일정한 보폭 유지

보폭을 좁게 했다 넓게 했다 하면 안 된다. 일반적인 보행 때의 보폭으로 항상 일정하게 유지하여야 한다.

일정한 속도 유지

너무 빨라도 안 되고 너무 느려도 안 된다. 평상시의 보통 걸음, 즉 천천히 산책하는 속도를 일정하게 유지하도록 한다.

수맥 감정봉 제대로 쥐는 법

수맥 감정봉을 제대로 쥐기 위해서는 감정봉의 위치를 잘 조정하고 자세를 정확히 익혀서 시작해야 한다. 양쪽 봉 끝 사이의 거리가 양손 사이의 거리보다 멀 경우 수맥이 있어도 절대로 안쪽으로 모이지 않는다. 그런데도 감정봉이 안쪽으로 모인다면 그것은 감정하는 사람이 손을 억지로 안으로 구부리는 것이다. 기본자세를 충분히 익히지 않으면 절대로 정확한 수맥 감정을 할 수 없다.

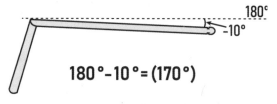

180°−10°=(170°)

① 수평

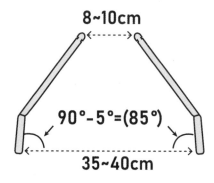

8~10cm

90°−5°=(85°)

35~40cm

② 수직

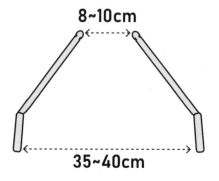

8~10cm

35~40cm

③ 사다리꼴

기타 유의할 점

- 신체를 편안한 상태로 유지하여야 한다. 수맥 감정 전날이나 당일에는 음주나 과로를 삼간다.
- 하루 세 곳 이상의 수맥을 감정하지 않도록 한다. 수맥이 없는 곳은 숫자에서 제외하고, 수맥이 있는 곳을 기준으로 세 군데 감정할 때까지는 해도 된다.
- 감정 후 나쁜 기를 몰아내기 위해 손발을 털어내고 될 수 있는 대로 빨리 샤워를 하고 푹 쉰다.
- 수맥 감정은 금방 복구되지만 일시적으로 내 몸의 기 흐름을 나쁘게 하면서까지 상대의 건강을 생각해서 하는 일이므로 되도록 유료로 한다.

제13장

교차 수맥이란 무엇일까

1. 교차 수맥이란

두 개 이상의 수맥이 교차해서 존재할 때 교차 수맥이라고 부른다. 교차 수맥은 극도의 양면성을 가지고 있다. 일반 수맥도 양면성을 가지고 있지만 교차 수맥은 인간의 삶과 죽음에 직간접적으로 크나큰 영향력을 행사한다.

지하수 대부분은 교차 수맥에서 풍부한 수량으로 존재한다. 지하수 용출 시 경제성이 없거나 수량이 부족해서 실패하는 경우는 거의 교차 수맥이 아닌 단일 수맥을 뚫었을 때가 많다. 더 많은 연구가 필요하지만 땅이 갑자기 내려앉는 싱크홀도 교차 수맥과 깊은 연관이 있으리라 추정된다.

인간의 건강에 큰 영향을 끼치는 수맥의 파괴력도 교차 수맥이 단일 수맥보다 기하급수적으로 훨씬 더 큰 피해를 준다. 수면 장애, 면역력 저하, 주요 성인병, 불임, 난산, 유산, 기형아 출산 등이 교차 수맥 위에서 자거나 생활할 때 일어난다.

수맥학을 공부하고 연구하는 사람은 교차 수맥 감정법을 정확히 알고 대처해야 할 의무가 있다고 생각한다. 수십 년간 경험으로는 우리나라 지형의 75~80퍼센트에 수맥이 존재하고, 그중 50~60퍼센트 정도는 교차 수맥이라 추정한다.

교차 수맥을 찾기 위해서는 단일 수맥의 시작과 끝(도강)을 알아야 하고, 수맥의 흐르는 방향과 상류(역방향) 방향도 꼭 알아야 한다.

단일 수맥이 흐르는 방향에서 대충 수직으로 감정을 진행해서 새로운 수맥이 발견되어 겹치면 그 부분이 교차 수맥이다. 상류 방향도 마찬가지로 진행해서 새로운 수맥이 발견되면 그 겹치는 부분이 교차 수맥이다.

교차 수맥을 찾기 위해서는 먼저 기본 단일 수맥을 제대로 찾을 줄 알아야 하고, 도강 방향, 흐르는 방향, 상류 방향을 정확히 구분해 낼 수 있어야 한다. 경제성 있고 수량이 풍부한 우물 자리는 각 수맥의 수심이 깊은 곳이 겹치는 교차 수맥의 중심인 경우가 대부분이다.

2. 교차 수맥 찾는 법

교차 수맥을 찾기 위해서는 제1의 수맥 시작과 끝, 흐르는 방향을 정확히 알아야 한다. 수맥의 시작과 끝을 정확히 감정한 다음 십자가 방향으로 수맥의 흐르는 방향을 찾아내어야 한다.

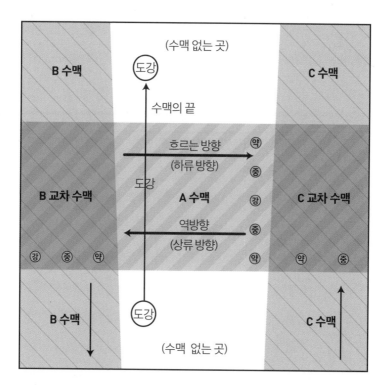

A 수맥: 첫 번째 수맥

B 수맥: A 수맥의 역방향에서 찾음

C 수맥: A 수맥의 흐르는 방향에서 찾음

㉓ ㉗ ㉵ 은 수심의 정도

우물 자리는 A 수맥의 ㉓ 부분과 B 수맥의 ㉓ 부분이 겹치는 지점

우물 자리는 A 수맥의 ㉓ 부분과 C 수맥의 ㉓ 부분이 겹치는 지점

　방향을 찾아낸 다음 흐르는 방향으로 감정해서 새로운 반
응(도강 현상)이 있으면 제2의 수맥이 존재하는 것이며, 상
류 방향으로 감정해서 새로운 반응(도강 현상)이 나타나면

상류 쪽으로도 제3의 교차 수맥이 있는 것이다. 가장 기초적인 기본 수맥을 정확히 찾을 수 있어야 교차 수맥을 찾을 수 있다.

제14장

수맥 감정도 작성하기

수맥 감정도 작성 요령

● 현관에서 직선으로 탐사하고 정반대 방향으로 다시 탐사하는 데 도강인지 순방향인지 역방향인지를 먼저 판정하기 위해서이다.

● 판정이 되면 수직 방향으로 왕복 탐사하여 수맥이 흐르는 방향을 찾는다.

● 최소한 우물 정(井)자로 왕복 8회 감정한다.

● 실내에 소파, 장롱과 같은 큰 가구나 장애물이 있을 때 기본자세가 흐트러지지 않게 주의한다. 마찬가지로 거실에서 방으로 이동 시에도 기본자세가 흐트러지지 않게 주의한다.

● 단독 주택은 마당에서부터 시작해서 집 안으로 들어가며 감정한다.

- 택지는 바둑판처럼 가로, 세로로 최소한 한 평마다 걸으며 감정한다.
- 수맥도에 수맥의 시작점과 끝점을 표시한다.
- 수맥의 강도를 약, 중, 강으로 표시한다.
- 한 개 이상의 수맥이 흐를 때 A, B, C로 구분해서 표시한다. 3색 볼펜을 이용하면 편리하다.
- 수맥이 흐르는 방향은 화살표로 표시한다.
- 감정 주택, 택지의 평수, 층, 주소, 소유주 성명과 거주 기간, 감정 일시 등을 기재하고, 수맥 감정사의 성명을 기재하고 서명 및 날인하여 공신력을 높인다.

단독 주택 · 아파트(층 평) · 상가(평)			
토지	논·밭·임야·대지(평)	거주(사용) 기간	년
감정 일시		주소	
소유주		水脈鑑定士	(서명)

수맥 감정도 작성표

제15장
지하수 개발

지하수란

지하수는 지하의 특수성이 높은 암석, 또는 흙에 포함된 상태의 물이다. 이 물이 지면의 갈라진 틈으로부터 스며들어 흙 사이의 틈을 채워주고, 자연 상태에서 흙이 포유하는 능력을 초과하는 물은 중력에 의해 계속 지하수층으로 흐르게 된다.

지하수층에 물이 스며드는 동안 지하수는 사력층, 연암층, 경암층 등을 통과하면서 여과 과정을 거쳐 자연 정화되어 양질의 물로써 지층에서 서서히 움직이게 된다.

지하수를 형성하고 있는 지질은 보통 사질토, 자갈층, 결정암, 화산암 등이며, 그 구조상 포화대와 통기대로 구분된다. 통기대는 공기와 물로 차 있는 지하수면의 윗부분에 해당하며, 그 물은 농작물 재배에 대단히 중요한 수원이 된다.

지하수의 아랫부분인 포화대는 그곳에 물이 포화하면 지

하수면이 만들어져 지하수가 형성되는 것이다. 보통 지하수는 지하에 포함된 사용 가능한 물만을 가리키며, 진흙층, 화강암층과 같이 수로의 역할을 하지 못하는 투수성이 낮은 지층에 포함된 물은 지하수라 칭하지 않는다.

많은 양이 존재하는 지하수는 지표수와 더불어 중요한 수자원 역할을 한다. 지표수는 일시에 흐르지만, 지하수는 저장 능력이 있으므로 보이지 않는 저수지 역할을 충분히 할 수 있어 일상생활에 이용하기가 쉽다.

지하수의 성질

일반적으로 지표수라 불리는 물은 비가 온 후의 지표에 흐르기에 한눈에 알아볼 수 있다. 그러나 비가 그치고 나면 차차 줄어들고 말라버려 그 양의 변화가 심한 편이다. 그러나 지하수는 연중 일정량을 보유한 채 지하에서 서서히 흐르고 있다.

물이 높은 곳에서 낮은 곳으로 흐른다는 것은 자연의 원리이며 정설이지만 지하수의 경우는 꼭 그런 것만도 아니다. 물길을 따라 흐르다가 수압이 있으면 높은 산 위에서도 솟아오를 수 있는 것이 특징이다. 가끔 높은 산꼭대기에서 좋은 우물을 찾아볼 수 있는 것도 이것에 기인한다.

지하수의 연평균 기온은 섭씨 15도로 비교적 일정하다. 흔히 여름철 지하수의 온도가 차갑게 느껴지고 겨울철에 오히려 따뜻하게 느껴지는 것은 수시로 변하는 대기의 온도에 대비된 지하수 온도의 항상성 때문이다.

빗물은 자연적으로 흐르면서 모아져 이루어진 물이기에 여러 가지 균과 불순물이 침투하기 쉽다. 그러나 지하수는 지하 깊은 곳에서 오랜 기간 흐르면서 자연정화 작용을 거쳐 땅 위로 솟아나는 물이기에 깨끗하고 높은 수질을 유지한다. 또한 지하에서 흐르는 동안 여러 가지 지하자원을 통과하기에 철, 인, 유황, 칼슘 성분 등이 특별히 많이 섞여 있어 인체에 이로운 작용을 한다.

지하수의 양이나 물길이 변하는 예는 극히 드물긴 하지만, 계절에 따라 물길이 바뀔 수도 있다. 물길이 지하 깊숙한 곳으로 흐르다가 어떤 계절에는 위로 올라와 흐른다거나 또는 더 깊이 흐르는 변화가 생기기도 한다. 대략 9월부터 이듬해 3월까지는 지하수가 평균 깊이보다 좀 더 아래로 흐르고, 3월부터 9월까지는 그 물길이 좀 더 위로 흐르기도 한다.

이 같은 지하수의 역류 현상에 대한 원인은 아직 명확하게 밝혀지지 않고 있다. 하지만 이러한 변화에 대해 미리 알고 있어야 지하수 찾기가 더 쉬울뿐더러 1년 사시사철 변함없이 물이 잘 솟아나는 우물을 얻을 수 있다.

즉 늦가을에서 초봄 사이에 물길을 찾아 우물을 파는 것이 과학적으로 볼 때도 가장 적합한 시기라 할 수 있다. 그리고 가뭄이 극심할 때는 우물을 파는 것도 좋은 방법이다.

지하수 개발의 필요성

환경 오염 문제가 갈수록 심각하게 제기되면서 각처에서는 지하수 개발에 관한 관심이 고조되고 있다. 인구의 도시 집중화 현상과 공업 지역의 확대로 인하여 공업용수 및 식수에 대한 수요량이 급격히 증가하였고, 연중 일정한 양의 물이 공급되어야 하는 실정이다.

특히 우리나라는 보통 여름 한 철에만 집중적인 강수 현상이 일어나 일시에 지표수가 흘러 바다로 들어가므로 중요한 수자원의 낭비가 심한 편이다. 미국은 연간 전체 물 소비량의 약 20퍼센트를 지하수로 보충하고 있으며, 주에 따라서는 70퍼센트 이상을 지하수에 의존하는 곳도 있다고 한다. 그런데 우리나라는 생활용수의 90퍼센트 이상을 강물에서 공급받고 있다.

이러한 부족한 식수, 생활용수 및 공업용수 문제를 해결하려면 많은 물을 저장할 수 있는 저수지를 대량으로 건설해야 한다. 그런데 좁은 국토와 저수지 건설에 따른 생태계 파괴로 인하여 더욱 심각한 문제가 야기될 수 있으므로 지하수 개발은 점차 중요한 과제로 떠오르게 될 것이다.

식수 문제만 놓고 보더라도 화공 약품의 사용과 물리적 방법으로 처리한 상수도보다는 지하 깊은 곳에서 충분히 자연 정화되어 양질의 상태로 보존된 지하수가 훨씬 식수로 적합하다. 물론 지하수를 식수로 사용함에 있어서는 사전에 철저한 수질 검사를 거쳐야 함은 당연하다. 외관상 아무 이상이 없고 무조건 좋을 것이라는 생각에 수질 검사를 등한시한다면 이 또한 심각한 피해를 초래하게 된다.

지하수는 대부분이 수맥의 파괴력으로 인하여 지표에 금이 간 틈으로 흘러든 물이기에 가까운 곳에, 또는 수맥이 진행되는 방향의 위쪽에 오염원이 있을 가능성은 농후하다. 농장의 분뇨나 생활 하수, 공장 폐수 어느 것 하나 안심하고 지나칠 수 없는 심각한 오염원이기 때문이다.

양질의 지하수 문제가 새롭게 대두되자 그간 우물이나 온천수 개발 정도로만 국한되었던 지하수 개발이 부쩍 늘어났다. 그런데 무턱대고 땅을 파 내려간다고 해서 지하수가 화수분 같이 솟아나리라 기대하는 것은 어리석은 짓이다. 어떤 수맥도 그 시작과 끝 지점, 중심점과 흐르는 방향, 교차 수맥을 찾지 못하면 실패할 확률이 매우 높다.

지하수를 개발하려면 먼저 교차 수맥, 즉 수맥이 두세 군데 이상 겹치는 장소를 선정해야 한다. 교차 수맥 찾기를 모르면 경제성 있는 지하수 개발이 힘들다. 쓸데없는 비용을 들이고 불필요한 관정만 만들어 낼 것이다.

지하수는 대개 지하 10~100미터 사이에서 발견되는 물이라고 알려져 지하수 개발 시에도 이 수치에만 의존했다가 물이 나오지 않아 도중에 포기하는 경우가 있다. 그러나 작업 공정이 다소 어려워지고 소요 비용이 증가하더라도 정확한 수맥 감정이 이루어진 상태라면 더 깊이 파 내려갈 필요가 있다. 평균적으로 깊이 내려갈수록 저수량이 많아지기 때문이다.

지하수 개발이 아무리 시급하더라도 무분별하게 서둘러서는 절대 안 된다. 우리나라같이 좁은 땅에서 빈번하게 발생하는 지하수 개발은 자칫 지하수 고갈이나 지반 침하, 또는 바닷물의 역류 현상을 일으킬 수 있기 때문이다. 이런 일들이 실제로 일어나게 된다면 인간은 물론 동식물에게 치명적인 악영향을 미치게 되고 나아가 생태계 전체가 대혼란을 겪게 될 것이다.

한번 시공하는 데만도 막대한 투자를 해야 하는 지하수 개발에서 수맥 감정이 제대로 선행되지 않았을 때 생기는 경제적인 손실을 생각한다면 좀 더 신중해져야 한다.

지하수는 하나의 맥을 이루고 있는데, 만약 개발에 실패했을 때 그 시추 구멍을 철저하게 메워주지 않으면 그 속으로 각종 오염물질이 여과 없이 스며들어 결국 부근 지하수 전체가 금방 폐수로 변하는 끔찍한 결과가 초래될 수 있다.

그러므로 지역마다 정확한 수맥 감정도를 미리 작성하여 적정량의 지하수를 개발해야 하며 특히 무분별한 지하수 개발을 막기 위해서는 국가적인 차원에서의 법적 조치를 마련하여 엄격한 규제를 가할 필요가 있음은 당연한 일이다.

제16장
라디에스테이지는 무엇일까

1. 동물의 생존 본능

최근 세계 곳곳에서 큰 규모의 지진 발생이 잦아지고 있고, 강진 발생 전에 그 주변 지역에서 기이한 현상들이 자주 목격되고 있다. 지진 전조 현상에 대해서는 전 세계 여러 방송과 신문 등에서 크게 보도하고 있으며, SNS를 통해 더 널리 확산하면서 많은 사람의 관심이 증폭되고 있다.

전조 현상이란 지진이 발생하는 지점이나 그 부근에서 지진이 발생하기 전 수일에서 수년 전부터 일어나는 어떤 물리적 특성 변화나 특이한 자연 현상, 그리고 동식물의 이상 행동을 일컫는다.

중국 광둥성 서남부 북부만 인근 여덟 개 지역에서 발생한 규모 6.1 이상의 강진이 일어나기 10여 일 전부터 바닷속 문어들이 대거 모래밭으로 몰려나왔다고 한다.

전조 현상이란 지진이 발생하는 지점이나 그 부근에서 지진이 발생하기 전부터
일어나는 동식물의 이상 행동을 일컫는다.

어느 양계장에서는 지진 발생 며칠 전부터 식음을 전폐했
던 닭들이 지진이 끝난 뒤에야 식욕을 되찾았고, 또 다른 지
역에서는 돼지들이 지진이 발생하기 불과 몇십 분 전 마구 흥
분하며 우리를 뛰어넘어 달아나기도 했다.

한 중학교 지구 자기 관측실 안에서 쥐들이 서로 꼬리를
문 채 한 줄을 이루어 사람들이 나타나도 전혀 겁내지 않았다
는 소식도 전해졌다.

1995년, 6천 명 이상의 목숨을 앗아간 규모 7.3의 고베 대

지진이 발생했다. 대지진의 진앙이었던 아와지섬 출신의 어부들은 지진 발생 하루 전 아침 아카시 해협에서 물 위로 떠오른 죽은 물고기 떼를 발견했고, 평소 깨끗했던 바닷물이 갈색으로 혼탁해진 것을 관찰했다고 증언했다. 이들은 평소 청정 해역인 아카시 해협의 해상에서 내장이 터진 채 죽어 떠내려오는 수많은 청어 떼를 지켜봤다고도 했다.

이와 비슷한 일들은 비단 지진뿐 아니라 모든 자연 현상에 앞서 나타나곤 한다. 기압 변화에 민감한 물고기, 개구리, 벌꿀, 소 등은 큰비나 폭풍을 앞두고 불안한 행동을 보인다. 또한 우리 선조들이 생활 주변의 많은 가축이나 곤충과 식물들을 관찰하고 분석하여 풍수해, 지진, 가뭄 따위와 같이 자연 변화로 일어나는 재앙을 예견한 예는 수없이 많다.

예부터 전해오는 말 가운데는 근거 없는 부분도 있지만 개중에는 과학적으로 타당성을 지닌 말들도 상당하다. 물론 그것은 합리적이고 과학적인 사고에서 도달해 낸 결과라기보다는 생물이 자기 보존을 위해 가지는 본능적인 감지력과 직관력에서 도출해 낸 결과라 보는 것이 더 맞을 것이다.

2. 라디에스테이지와 수맥

라디에스테이지란

천재지변이 일어나기 전에 나타나는 모든 기이한 현상을 나는 라디에스테이지에서 기인한 이론으로 설명 가능하다고 본다. 라디에스테이지radiesthésie는 프랑스어로 〈여러 가지 물체에서 나오는 방사 자력을 감지하는 기능(복사선radion+감지하다esthésis)〉을 뜻한다.

일반적으로 이 세상의 만물은 크기와 종류에 관계없이 제 나름대로 에너지를 내고 있으며, 이 에너지는 물질 간에 상호 작용을 한다. 이 에너지를 〈방사 자력〉이라 하며, 자연과 인간을 비롯한 모든 물체는 방사 자력을 발산한다.

인간을 예로 들자면 그것은 〈기(氣)〉라고 통용되며, 기로써 여러 가지 환경에서 부딪히게 되는 사물이나 동식물과 계속 교감하게 된다. 또한 이 세상의 모든 생물체는 본능적으로 자기 보존 욕구를 지니며 그것이 위협당하는 상황에서 그에 대항하는 행위를 하게 되는데, 앞 장에서 동물들이 나타내는 기이한 행동들은 모두 천재가 일어나기 전 거기서 나오는 방사 자력을 본능적인 감지력으로 알아냈기 때문이다.

라디에스테이지와 수맥 감정

라디에스테이지와 수맥 감정은 정신과학의 응용을 그 출발점으로 한다. 물체의 방사 자력을 감지하는 데에는 정신 집중이 필요하다. 특히 수맥에서 뻗쳐 나오는 방사 자력을 감지하려면 인간의 정신력이 필수적이다.

그런데 그것이 수맥에 관계했을 때는 그 중요성의 차원이 조금 달리 이해되어야 한다. 즉 수맥 감정에 적용된 라디에스테이지 원리는 인간 생활에서 나타날 수 있는 폐해들을 예방할 수 있는 매우 중요한 도구로써 그 가치를 인정해야 한다.

수맥 유해파는 천재지변이라고 치부하기에는 미리 대처할 만한 소지가 다분히 있고, 인간의 무지에 의한 소산이라고 하기엔 인간뿐만 아니라 모든 동식물은 물론 건축물에까지 그 피해가 너무 광범위하고 치명적이다.

수맥에서 나오는 방사 자력에 맥없이 노출된 사람은 평생을 안고 살아야 하는 병에 걸릴 수 있으며, 막대한 투자를 한 건물이나 정밀 기기가 한순간에 파손되는 지경이니 인간 생활에서 치명적인 해를 가하는 무시무시한 존재가 바로 그것이다.

피해를 본 후에 미리 충분히 방지할 수 있었다는 것을 안다면 그것은 이제 눈에 드러나는 피해뿐만 아니라 심리적으로도 악영향을 미치게 된다. 그러므로 예방 과학의 성격이 짙은 수맥이 정신과학을 요구한다고 하여 전혀 이상한 것은 없다.

첨단 과학 시대인 오늘날 일부에서는 전파 탐지기에 의존한 수맥 감정이 주목받고 있다. 그러나 아무리 첨단 기계라 할지라도 그것은 한낱 기계에 지나지 않는다. 물체에서 나오는 방사 자력을 감지할 수 있는 직관력과 예지력을 본능적으로 획득한 인간의 행위에 비길 바 못 되는 일이다.

라디에스테이지 원리를 이용한 수맥 감정은 일종의 정신 과학에 속한다. 그러므로 인간의 정신력에 속하는 사고와 과학의 만남은 우려하는 것처럼 어려운 것만은 아닐 것이다.

제17장
수맥 유해파 차단법

1. 수맥 유해파 차단의 필요성

현대 과학으로는 규명할 수 없는 미지의 분야 중 하나가 바로 수맥의 파괴력에 관한 것이다. 수맥의 파괴력은 그 줄기의 폭이 고작 담배 한 개비 정도로 좁다 하더라도 얕잡아 봐서는 안 된다(대수롭지 않게 여겨서도 안 된다).

수맥이 지하수로 개발될 때는 우리 생활의 윤활유 역할을 톡톡히 하지만, 지하에 묻혀 흐르는 수맥은 인간과 동식물뿐만 아니라 모든 생명체에, 그리고 일상생활 구석구석에 이르기까지 그 영향력 행사하기를 주저하지 않는다.

일단 건강에 문제가 생기고, 건물의 벽에 균열 현상이 일어나고, 애써 가꾼 정원의 황폐화가 시작되었다는 것은 이미 상당 기간 수맥에 노출되었음을 알려 주는 증거로 볼 수 있다.

수십 년 버티어 온 산이 일시에 무너져 내리고 웬만한 충격에도 꿈쩍 않는 바윗덩어리가 어느 날 갑자기 갈라지는 것 또한 그 명백한 증거임이 틀림없다.

현재까지는 수맥의 파괴력으로 인한 피해를 최소화하거나 사전에 방지하기 위한 몇몇 방법만으로 수맥의 힘에 대항하고 있지만, 그 피해의 정도가 심각한 만큼 수맥 차단에 관한 적극적인 연구와 적용이 필요하다.

비록 수맥이 기승을 부려온 세월에는 도저히 못 미친다고 하더라도 비단 개인적인 차원에서의 노력뿐만 아니라 범국가적인 차원에서의 지속적인 노력이 절실히 요구되는 바이다.

2. 잠자리를 옮겨라

수맥의 피해에서 벗어나는 가장 좋은 방법은 수맥을 피하는 것이다. 수면 상태의 사람에게 미치는 수맥의 영향은 가위 치명적이다. 수면 상태는 곧 무의식 상태로, 자는 사람은 전신이 이완되어 있어 무력하기 그지없다. 이때는 수맥파에 거의 무방비로 노출된 상태이기에 그 피해의 정도가 가장 심하며 지속해 피해를 보게 된다.

수맥파는 수직선 위로만 그 영향력을 행사하기에 만약 눕는 자리가 수맥에 노출된 경우라면 잠자리의 위치를 조금 바꾸어 주는 사소한 노력으로도 충분히 그 피해를 벗어날 수 있다. 그런데 잠자리를 옮길 때 가장 중요한 것은 정확한 수맥 감정이다. 수맥이 어디서 시작하고 어디서 끝나는지, 교차 수맥은 없는지 제대로 알아야 한다.

자칫 섣부르고 잘못된 수맥 감정으로 인해 수맥이 없는 곳에 놓인 침대를 되레 수맥이 있는 곳으로 옮기는 어리석은 실수를 할 수도 있다. 그러니 본인이 직접 수맥 감정법을 제대로 배우든지, 그럴 수 없다면 감정 전문가의 도움을 받아야 할 것이다.

실제로 불면증이나 악몽 같은 수맥으로 인한 초기 증상이나 관절 류머티즘 등은 잠자리의 위치를 바꿔 주는 것만으로도 자연 치유에 가까운 효과를 볼 수 있다.

3. 동판 사용법

수맥의 파괴력이 무섭다고 하여 마냥 겁만 먹고 있을 필요는 없다. 수맥 감정을 실시하여 수맥이 탐지되었다면 무엇보다도 먼저 수맥을 차단하기 위해 좋은 대책을 세우도록 하자.

수맥을 차단하는 방법으로 잠자리의 위치를 바꾸는 것이 여의찮다면 방바닥에 별도의 수맥 차단재를 설치해야만 한다. 수맥을 차단할 수 있는 완벽한 대체재가 발견되지 않은 현재 가장 보편적으로 활용되고 있는 방법은 비교적 가격도 저렴하고 효과도 입증된 동판을 이용하는 것이다.

적색 광택을 지닌 〈동〉은 전성, 연성, 가공성이 뛰어날 뿐만 아니라 강도도 높다. 열이나 전기의 전도율은 〈은〉에 이어 두 번째로 높고 내식성이 강하다. 그리고 염분이 있는 물에만 녹고 염분 및 이산화탄소를 함유하고 있지 않은 순수한 물에는 녹지 않는 성질을 지니고 있다. 또한 공기를 단절하는 힘이 매우 강한 금속이다.

이러한 열 및 전기의 전도율이 높고 순수한 물에는 녹지 않으며 공기를 단절하는 힘이 강한 성질로 미루어 동판을 수맥 차단하는 데 사용했으리라 여겨진다.

확실히 동판은 수맥을 차단하는 기능을 가지고 있다. 정확히 수평 상태를 유지한 동판은 수맥에서 발산되는 파괴력을 막는 데 아주 유용하다.

수맥이 흐르는 바닥에 동판을 깔되 가능한 한 면적이 넓은 것을 사용하면 좋다. 넓은 동판이 없으면 두 장을 서로 겹쳐서 깔아야 하는데, 이때는 연결 부분이 적어도 1센티미터 이상 겹치도록 한다. 동판을 여러 장 깔아도 연결 부분의 틈을 완벽히 메우지 않아 그 틈새로 수맥이 올라와서 차단 효과를 떨어뜨리는 예도 있다.

가장 중요한 것은 순도 99퍼센트 이상의 동판이어야만 차단이 제대로 된다는 점이다. 소위 청계천에서 파는 동판이라든지 재생 동판, 합금 동판은 거의 수맥 차단이 되지 않으니 구매 시 주의해야 한다.

표준적인 동판의 두께는 보통 0.3밀리미터 이상을 사용한다. 표준형이 정해졌다 하여 무조건 그것을 따라서는 안 된다. 수맥의 강도가 모두 같지 않기 때문이다.

작은 규모의 수맥이라도 지하 깊숙한 곳에서 흐를 수가 있고, 특히 교차 수맥의 경우 수맥의 강도가 세서 차단판을 깔아도 촛불 불꽃처럼 가장자리가 수맥에 침범받는 촛불 현상을 일으킬 수 있으니, 수맥 차단판을 시공하되 반드시 단계적인 수맥 측정이 선행되어야 한다.

먼저 0.3밀리미터 두께의 동판을 바닥에 깔아 놓고 수맥 감정을 했을 때 수맥이 탐지되면, 그 위에 0.3밀리미터의 동판을 더 깔아 준다. 그러고 나서 다시 수맥을 탐사하여 수맥파가 조금도 잡히지 않을 때까지 0.3밀리미터 두께로 계속해서 추가로 깔아 주어야 한다. 강한 교차 수맥이 아닌 경우 대부분 1차 시공에서 수맥이 차단된다.

수평 상태에서의 동판은 수맥파의 파괴적인 힘을 받았을 때 전도성이 강하고 빨라서 그 힘을 옆으로 분산함으로써 피해를 줄여 준다. 그렇지만 일부는 촛불 현상이 생겨 위쪽으로 부분적인 영향력을 행사하기에 수맥이 전혀 탐지되지 않는 시점까지 동판을 추가로 깔아야 한다.

다세대 주택이나 대형 건물의 경우는 적어도 수맥이 지나는 자리만큼은 건물 신축 시 동판을 깔아 주는 작업을 해야 할 것이다. 건축주로서는 건축법에도 없는 조항이며 막대한 공사비에 부담이 되고, 또 자신이 직접 거주할 공간이 아니라는 생각만으로 이를 외면할 수도 있다.

그렇지만 건축 시 동판을 시공하는 것만으로도 건물에 거주하는 사람뿐만 아니라 건물 자체의 안전성도 보장받을 수 있기에 꼭 필요하다고 생각한다.

동판 설치 후 수맥 감정을 해본다면, 같은 수맥이 흐르는 곳임에도 불구하고 동판을 설치한 건물 내부와 동판이 설치되지 않은 외부의 반응이 확연히 다름을 확인할 수 있다.

이때 수맥 차단의 용도로는 반드시 순도 99퍼센트 이상의 동판을 사용하여야 기대한 만큼의 수맥 차단 효과가 발생한다는 것을 명심하자.

4. 알루미늄판 사용법

최근에 와서는 동판 외에도 다양한 소재들이 수맥 차단용으로 제작되고 있다. 그중 순도 99퍼센트 이상의 알루미늄 수맥 차단판은 많은 장점이 있다. 순 동판과 비교했을 때 차단 효과는 같고, 전자파도 기본적으로 차단될 뿐만 아니라 순 동판보다 가격도 저렴하여 실용성 면에서 단연코 뛰어나다.

은백색의 가볍고 부드러운 금속 원소인 알루미늄은 가공하기 쉽고 가벼우며 내식성이 있어 인체에 해가 없기에 건축, 화학, 가정용 제품 따위에 널리 쓰이고 있다.

수맥 차단을 위해서는 신축 건물 시공 시 순도 99퍼센트 이상의 알루미늄 바닥재를 까는 방법이 있다. 현재 거주하고

수맥은 반드시 순도 99퍼센트 이상의 동판과 알루미늄판을 사용하여야
그 차단 효과를 기대할 수 있다.

있는 주택이나 건물의 경우는 알루미늄이 내장된 수맥 차단
용 매트를 사용하는 방법을 권한다.

흔히 가정에서 사용하는 쿠킹 포일이나 은박 돗자리 등이
수맥 차단에 효과가 있다고 주장하는 사람들이 있는데 이는
잘못된 것이다. 쿠킹 포일도 순도는 99퍼센트 이상이나 너무

얇아서 몇십 겹 이상을 깔아야 해서 경제적으로 별 의미가 없다.

수맥 감정봉으로 직접 시험해 보면 바로 알 수 있다. 동판과 마찬가지로 최소한 두께가 0.3밀리미터 이상일 때 효과를 볼 수 있다.

알루미늄의 경우 동판과 차단 효과는 똑같으나 전자파 차단 기능이 있고 신축 시 보일러 호스 밑에 시공하면 단열 효과가 커서 난방비 절감 효과도 볼 수 있다.

빌라나 아파트의 경우 1층에 깔고 4~5층 단위로 추가 감정해서 촛불 현상이 일어나면 추가 시공하면 된다.

일상생활에서 무심코 노출되는 수맥파를 효과적으로 차단하기 위해 알루미늄을 이용한 여러 종류의 제품들이 개발되어 있다.

숙면을 위한 〈수맥 차단 매트〉와 〈수맥 차단 베개 패드〉, 보행할 때와 운동 시 수맥 유해파를 차단해서 피로를 줄이고 운동 능력을 향상하는 〈수맥 차단 인솔(신발 깔창)〉과 학생의 공부방과 차량에 사용할 수 있는 〈수맥 차단 방석〉, 주방의 수맥을 차단해 주부들의 피로를 줄여 주는 〈주방용 차단 매트〉 등이 있으며, 수맥의 피해를 본 사람을 치료하기 위한 온열이나 전위 치료 기능을 갖춘 기능성 매트 제품도 있다.

제18장
수맥 교육 기관과 수맥 차단재의 실상

1. 왜 사람들은 수맥을 불신할까

솔직히 말해 아직도 많은 사람이 수맥에 대해 불신하고 있고, 심지어 미신으로 치부하는 사람들도 꽤 많은 안타까운 실정이다. 수맥 현상에 대한 과학적인 근거가 약해서 그럴 수도 있다고 넘어가기엔 뭔가 부족한 점을 느끼게 된다.

우리나라의 비공식적이고 비전문적인 수맥 관련 교육 기관이 가진 여러 문제점과 거기에 기생하여 판치는 엉터리 수맥 차단재의 난립에서 그 이유를 찾아볼 수 있을 듯하다. 수맥이라는 학문이 권위 있는 수맥학으로 대접받기 위해서는 무엇보다도 올바른 수맥 감정법을 제대로 가르치는 전문 교육 기관을 양성해야 한다.

아울러 전문적인 교육을 받은 수맥 감정 전문가의 양심적인 활동으로 그동안 엉터리 수맥 차단재로 피해를 본 상당수 사람에게 신뢰를 회복하는 일이 급선무일 것이다.

수맥이 없는 곳은 없다고 안심시키고, 수맥이 있는 곳은 그 범위를 정확히 파악하여 자리를 옮겨 준다든지, 확실하게 수맥을 차단할 수 있는 수맥 차단재 사용을 권해야 한다.

위는 수맥에 대한 불신이 어떻게 형성되었는가를 나타내 주는 좋은 도표이다.

도표에서 보듯이 A와 B 경우에는 문제가 없지만 C나 D의 경우는 큰 문제가 된다. 수맥이 없는데 있다고 하는 C와 수맥이 있는데도 불구하고 없다고 하는 D의 경우가 그러하다.

그렇게 주장하는 이유는 첫째, 고의로 어떤 엉터리 수맥 차단재를 팔기 위해서일 것이다. 이는 양심을 속이는 범죄 행위이다. 자신의 작은 이익을 위해 타인의 건강을 망치는 파렴치한이다. 적은 수의 사람을 일시적으로 속일 수 있을지 몰라도 그러한 사기 행각이 만천하에 드러나는 것은 시간문제이다.

둘째는 전문적이고 정확한 수맥 교육을 받지 못한 채 본인이 찾을 수 있다는 착각으로 수맥 감정을 행한 결과일 것이다. 이것 또한 심각한 문제가 아닐 수 없다.

2. 비전문적 수맥 교육 기관의 문제

나의 강의를 들었던 수강생 중 한 분은 타 기관에서 수맥 강의를 듣던 중 시범자가 수맥 감정추를 손으로 돌리는 게 눈으

로 빤히 보여서 도중에 그만두고 내게로 교육받으러 왔다고
했다.

수맥 감정추나 수맥 감정봉이나 손목으로 돌려서는 절대
안 된다. 정신을 집중하여 추나 봉의 자연스러운 움직임을 좇
아가야 된다. 또한 수맥 감정봉을 사용하면 아마추어이고, 추
를 사용하면 프로처럼 생각되는 선입견도 사라져야 한다.

한 장소에 수맥대가 열 군데가 있으면, 100명의 수맥 감정
사가 똑같이 그 열 군데를 찾아낼 수 있어야 되는 것이다.

수맥은 과학이다. 수맥 교육 또한 마찬가지이다. 어느 곳에
서 배운 사람이든 똑같이 수맥을 감정할 수 있어야 한다. 수
맥 교육의 체계화 및 표준화가 시급한 이유다.

3. 엉터리 수맥 차단재의 폐해

일단 비철 금속이 아닌 것은 모두 수맥 차단이 안 된다. 대표
적인 것으로 「달마도」가 있다. 「달마도」가 정신적인 도움을
줄지는 모르겠으나 수맥 차단에는 전혀 효과가 없음을 SBS
「그것이 알고 싶다」에서 밝혀진 바 있다. 사기로 된 명당 도
자기 역시 수맥 차단이 전혀 안 된다.

수강생 중 모 건설 회사 간부가 한 분 있었는데, 대구에 아
파트를 지을 때 수맥 차단 효과가 있다고 하여 부직포의 일종
을 아파트 바닥에 수억 원어치나 시공했다고 한다. 그분 댁을
방문하였고, 그분더러 직접 수맥을 감정해 보라 했더니 그 집

	정확한 차단재 사용 시	엉터리 차단재 사용 시
A (진실) 수맥이 없는 경우	차단 필요 없음 - 변화 없음 - 신뢰	차단할 경우 - 변화 없음 - 불신
B (진실) 수맥이 있는 경우	차단 필요함 - 효과 많음 - 신뢰	차단할 경우 - 변화 없음 - 불신
C (사기) 수맥이 없는데 있다고 하는 경우	바른 차단재를 써도 효과 없음	차단할 경우 - 변화 없음 - 불신
D (사기) 수맥이 있는데 없다고 하는 경우	- 효과 봄 - 불신	- 변화 없음 - 불신

수맥 차단재 사용 시 불신 여부

거실에서 수맥이 감정되었다. 그 위치에 문제의 부직포를 올려놓고 본인이 직접 그 위를 걸어 다니며 감정봉이 수맥이 없는 상태로 원위치하는지 확인시켜 보였더니 전혀 효과가 없음을 알고 분개한 적이 있었다.

수맥 차단의 효과는 대부분 길어야 2~3일 안에 나타난다. 사람 대부분이 몸소 느끼게 되는데, 선잠을 자지 않고 악몽이나 개꿈도 꾸지 않고, 새벽에 화장실에 가지 않고도 푹 잘 수 있게 된다. 수면 시간이 짧아져도 일어나면 몸이 가뿐하고 피로감이 없어진다.

나의 강의 「수맥과 팔체질」 정규반 5기생이 들려준 일화이다. 고향인 경남 김해에서 연로하신 어머니가 50년 동안 한 집에서 농사를 짓고 살고 계시는데 어머님 댁에 수맥 감정을 부탁해 왔다. 당장 일정이 잡히지 않아 미안한 마음에 일단은 어머님이 누울 자리 밑에라도 수맥 차단판을 깔 수 있도록 보내 드렸다.

며칠 후 그 수강생이 전하는 어머님 말씀이 〈50년 만에 처음으로 죽은 듯이 자봤다〉는 것이었다. 심한 수맥대 위에서 고생하던 사람도 수맥을 제대로만 차단하면 며칠 안에 편안함을 느끼게 되고 숙면을 취할 수 있게 된다. 정확한 수맥 차단재를 사용하면 단시일 내에 바로 변화를 느낄 수 있다.

금속 제품이라고 해서 모두 수맥 차단 효과가 있는 것은 아니다. 철 종류는 분자 구조 사이로 수맥이 통과해서 차단이 안 되며, 가느다란 실 형태로 가공한 금속 실도 안 된다. 은사나 동사가 들어간 매트 역시 수맥 차단이 안 된다.

문제는 동가루이다. 십수 년 전 모 그룹에서 〈수맥○○〉라는 바닥재를 판매했고, 또 다른 기업에서는 수맥 차단요를 판매하기도 했다. 판매 효과를 노려 그랬는지 모르겠지만 동판이 효과가 있다고 하니 제품에 동가루를 넣어 판매한 것이다. 이는 대기업의 사회적 책임 의무를 도외시하는 어처구니없는 사례로 철저하게 각성해야 할 일이다.

또 최근에 홈쇼핑을 통해 〈○○ 수맥 자수정 매트〉라는 것이 많이 팔리는 것을 보았다. 당연히 수맥 차단이 되지 않음에도 수맥이란 이름이 붙었다고 너무 쉽게 현혹되는 소비자들을 보며 안타까운 마음이 들었다.

수맥 감정을 나갔을 때 강철로 만든 자석류가 수맥 차단이 된다고 믿고 구매한 사람들도 꽤 많이 보았는데 당연히 효과가 없다.

비철 금속이라고 모두 수맥 차단이 되는 것은 아니다. 중요한 것은 순도이다. 금도 순금(24K)이어야 차단이 되지 18K, 혹은 14K는 전혀 차단이 안 된다.

청계천 등지에서 판매하는 수맥 차단 동판을 구매하는 사람들도 꽤 많은 것으로 안다. 하지만 대개는 동판의 순도를 확인해 보지 않고 덜컥 구입했다가 낭패를 보곤 한다.

수맥을 차단한다고 광고하는 많은 제품에 실제로 확실한 차단 효과가 있는지 알아보고 사야 할 것이다.

먼저 올바른 수맥 감정법을 배워야 한다. 그런 뒤에 광고하는 제품을 사기에 앞서 수맥이 있는 곳을 정확히 감정하고, 그 위에 제품을 올려놓았을 때 감정봉이 수맥이 없는 상태로 원위치하는가를 확인하는 것이 가장 좋은 방법이다.

　직접 땅을 파보기 전에는 실제로 수맥의 유무 판별이 불가능하다는 사실을 악용하여 안타까운 피해자를 양산하는 사태가 줄어들기를 바라는 마음이다.

제19장
수맥 감정봉과 감정추

수맥의 두 가지 도구

현재 수맥을 감정할 때 주로 사용하는 도구로는 수맥 감정봉
(바켓)과 수맥 감정추(뼁듈)가 있다. 수맥 감정봉은 수맥을
찾는 데 더 보편적으로 사용되며 처음 기본자세를 익히는 데
다소 어려움은 있지만 일단 익숙해지면 수맥의 시작과 끝, 수
맥 강도, 흐르는 방향, 교차 수맥 등을 누구나 비교적 정확하
게 찾아낼 수 있다.

나는 오랫동안 수많은 시행착오와 연구 끝에 수맥 감정봉
사용법을 쉽게 익히기 위한 기본자세와 교육에 대한 일련의
설명서를 만들어 냈는데, 수맥 감정과 관련한 여러 방법 중
그 무엇보다도 전문적이고 체계적이며 효과적인 결과물이라
고 나름대로 자부하고 있다.

문제는 수맥 감정추이다. 여러 가지 형태의 감정추가 시중

에 팔리고 있지만 정확한 사용법이 확립돼 있지 않고, 사용 설명서가 없는 것도 있다. 심한 경우 그냥 대충 손에 들고 빙빙 돌리면(?) 수맥 유무를 알아낸단다.

나의 경우, 감정추를 사용할 때 나타나는 반응이 원운동이 아니고 흐르는 방향으로 직선으로 움직이는데, 수맥의 강도와 방향을 아는 데 있어서 감정봉이 더 정확하여 주로 감정봉으로 수맥을 찾고, 수강생들에게도 감정봉을 사용해 수맥 감정 교육을 하고 있다.

감정추는 중세부터 여러 금속을 찾는 데 사용됐다. 그래서 추의 반응이 수맥과 기타 광물질에 따라 어떻게 다른지 헷갈리기 쉽고, 그 차이에 대한 학문적 결과가 도출되었다고 들어본 적도 없다. 감정추를 사용했을 때 빙빙 돌아가는 바퀴 숫자에 따라 땅속 수맥도 몇 미터 파 내려가면 물이 나올지 알고 하루 용출량도 알아낼 수 있다니 코앞의 동전 찾기는 누워서 떡 먹기일 것이다.

자, 이렇게 검증해 보면 어떨까? 똑같은 일회용 컵 세 개와 500원짜리든 100원짜리든 상관없으니 같은 동전 두 개를 준비하자. 편의상 동전 A, 동전 B라 하겠다.

일단 감정자를 뒤돌아서게 한 후 뒤집어둔 세 개의 컵 중 한 군데 컵에 동전 A를 숨겨 둔다. 다시 돌아선 감정자에게 감정추를 이용하여 동전 B의 반응을 보게 한 다음, 세 개의 컵 가운데 어느 컵에 동전 A가 들어 있는지 찾아보게 하자. 즉 뒤집힌 컵 위에서 감정추가 보이는 반응이 동전 B의 그것과 같은 것을 찾으면 되는 것이다.

총 10회 정도 해봤을 때 과연 몇 번이나 맞힐 수 있는지 궁금하다. 확인해 보면 이 사람의 감정 능력을 검증해 볼 수 있을 것이다. 평균 확률인 3~4회 맞힌다면 수맥을 감정하기 이전에 동전 찾는 연습부터 해야 한다.

물론 초능력이 뛰어난 사람은 10회 중 10회를 맞힐 수도 있다. 그러나 초능력과 수맥 교육은 전혀 별개의 것이다. 초능력은 가르칠 수 있는 것이 아니다.

그냥 밑에 땅을 바로 파보지 않는다고 추로써 함부로 수맥 감정을 하는 우를 범하지 말자. 우리나라 수맥 감정의 대가이신 이종창 신부님, 임응승 신부님은 감정추나 감정봉이 없어도 수맥 감정을 제대로 할 수 있는 뛰어난 초능력을 선천적으로 타고나신 분들이라 생각된다.

제20장
원격 수맥 감정의 허실

원격 수맥 감정의 문제점

일부 사람들은 원격 수맥 감정이 가능하다고 믿고 소비자들에게 감정을 원하는 곳의 평면도, 사진, 주소 등을 알려 주면 현장을 방문하지 않고도 수맥 유무를 알 수 있다고 주장한다. 나는 이렇게 반문해 본다. 과연 그럴까? 원격 수맥 감정은 과연 정확하게 현장의 수맥 상황과 일치할까?

만약 그렇다면 일일이 현장을 방문하는 시간과 경비를 절감할 수 있는 아주 획기적인 방법일 것이다. 특히 먼 외국의 경우는 더 말할 필요도 없겠다.

한 아파트 15층의 평면도가 있다고 하자. 그 평면도를 책상이나 탁자에 올려놓고 감정봉이나 감정추로 수맥 감정을 할 때, 평면도 수직 아래의 공간은 수맥이 없는 곳이어야 할까? 아니면 수맥이 있는 곳에 올려놓고 해야 할까? 그 공간의 수맥 유무는 평면도 위의 수맥 감정에 아무런 영향도 미치지 않는 것일까?

만약 평면도를 수맥이 없는 곳에 올려놓고 할 때, 현장에 수맥이 없다면 그 결과는 일치할 것이다. 그런데 현장에 진짜로 수맥이 있다면 어떨까? 멀리 떨어진 현장의 수맥이 횡으로 평면도 있는 곳까지 이동하여 감정봉이나 감정추에 영향을 주어 수맥이 있다는 반응이 나올까?

다음으로 수맥이 있는 곳에 평면도를 올려놓고 할 경우 현장에 수맥이 있다면 결과가 일치하겠지만, 만약 현장에 수맥이 없다면 평면도 수직 아래의 수맥파를 이겨 내고 수맥이 없다는 감정 결과가 나올까?

상식적으로 생각해 보아도 쉽게 답이 나오는데 이런 기만적인 짓거리를 왜 하는지 모르겠다. 물론 여러 가지 절실한 이유로 이 같은 얄팍한 상술에도 쉽게 현혹되는 사람들이 있어 안타까울 따름이다.

예전에는 나도 원격 수맥 감정이 가능하지 않을까 하여 수년간 조사를 다녔었다. 100여 곳의 평면도를 먼저 감정한 후 실제로 현장을 방문하여 수맥 감정을 해봤던 것이다. 면밀한 검토 끝에 평면도상의 반응과 현장 반응, 그 일치도가 현저히 낮음을 알게 되었고, 원격 수맥 감정은 별 의미가 없다는 결론을 내리게 되었다.

항상 부딪히는 문제이지만 과학과 초과학의 경계에서 황당한 행위를 하는 사람들 때문에 수맥학이 공인된 학문으로 가는 데 걸림돌이 되고 있다는 현실과 앞으로도 할 일이 많고 갈 길이 멀겠다는 막막함에 답답함이 느껴진다.

덧붙여 말하고 싶은 것은 간혹 수맥 감정봉이나 감정추를 가지고서 건강 진단을 하는 기막힌 일도 벌어지고 있는데 이는 없어져야 할 행위이다. 감정봉이나 감정추로는 절대로 건강 진단을 할 수 없다.

부록 1

수맥 감정도를 통해 본 수맥과 건강 실제 사례

수맥 감정도

〈부분 수맥 1개〉

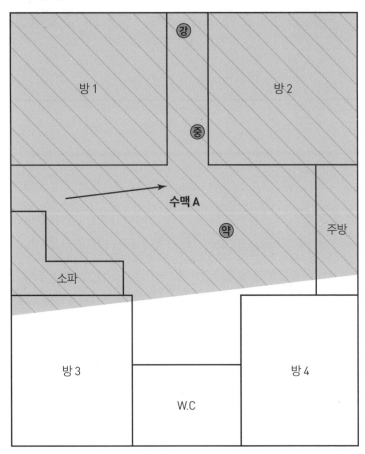

소유주: 우XX ㅣ 주소: 경북 구미시 현곡동 ㅣ 감정 일시: 2008.3.7
아파트: 2층 ㅣ 평수: 40평 ㅣ 거주 기간: 19년

특이 사항

❶ 방 1(아들), 방 2(부부), 방 3(딸), 방 4(드레스룸)
❷ 방 1 → 방 4, 방 2 → 방 3으로 바꾸어 취침
❸ 수면 차이 인정, 방 1, 방 2 수맥 차단 후 호전

수맥 감정도

〈전체 수맥 1개〉

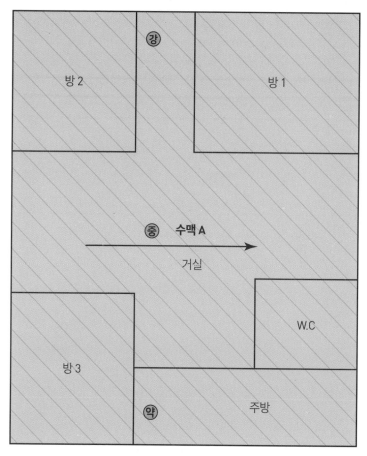

소유주: 이XX ᅵ 주소: 중국 길림성 연길시 ᅵ 감정 일시: 2004.9.15
아파트: 24층 ᅵ 평수: 35평 ᅵ 거주 기간: 17년

특이 사항

❶ 방 1(부부), 방 2(아들) → 수맥 약한 방 3으로 시험 취침
❷ 전체 바닥 수맥 차단 후 숙면, 일찍 기상
❸ 주방에서 그릇 깨는 일, 손 다치는 일 줄어듦

수맥 감정도

〈수맥 2개 , 교차 수맥 1개〉

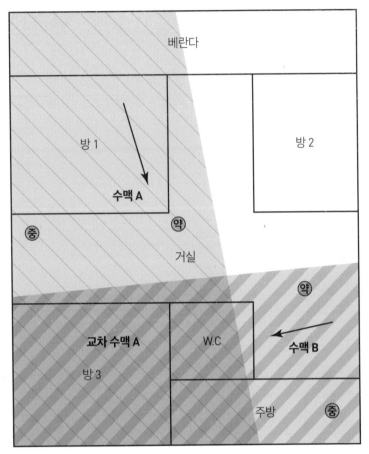

주소: 수원시 장안구 파장천로 | 감정 일시: 2011.3.8
아파트: 2층 | 평수: 42평 | 거주 기간: 6년

특이 사항

❶ 방 3(부부) → 방 2로 바꾸어 취침
❷ 선잠, 악몽 개선
❸ 방 1(아들), 방 3(딸) 수맥 차단 후 숙면

수맥 감정도

〈수맥 2개, 교차 수맥 1개〉

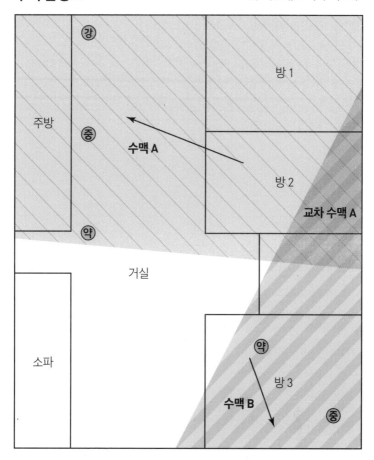

소유주: 박XX ㅣ 주소: 안산시 상록구 막고지로 ㅣ 감정 일시: 2013.6.5
아파트: 3층 ㅣ 평수: 47평 ㅣ 거주 기간: 8년

특이 사항

❶ 방 2(부부): 교차 수맥 부위에 침대 위치
❷ 교차 수맥 피해 침대 이동 후 호전
❸ 방 1, 방 2, 방 3 수맥 차단판 설치
❹ 각 방 깊은 수면 가능

수맥 감정도   〈전체 수맥 2개, 전체 교차 수맥 1개〉

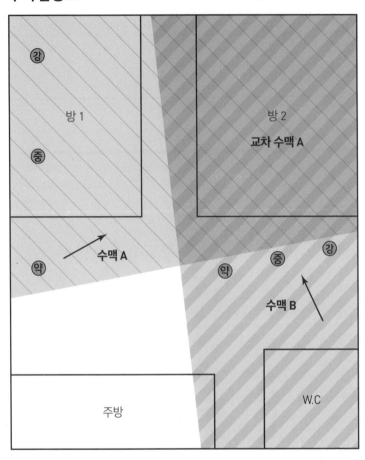

주소: 서울 서초구 서래로길 | 감정 일시: 2012.10.3
아파트: 3층 | 평수: 21평 | 거주 기간: 12년

특이 사항

❶ 부인: 미국에서 1회, 한국에서 2회 유산
❷ 남편: 불면증, 빈뇨증으로 수면 시 3~4회 깸
❸ 방 2(부부): 수맥 차단 8개월 후 임신 무사히 딸 출산
❹ 남편: 불면증, 빈뇨증 개선, 딸: 현재 10세

수맥 감정도

〈수맥 2개, 교차 수맥 1개〉

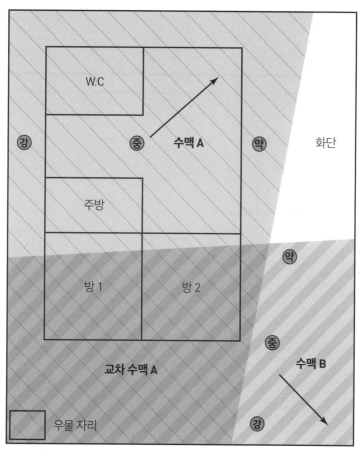

W.C

강

중

수맥 A

약

화단

주방

방 1

방 2

약

교차 수맥 A

중

수맥 B

강

우물 자리

주소: 충북 충주시 산척면 송광리 | 감정 일시: 2020.4.6
단독 주택 | 평수: 24평 | 거주 기간: 6년

특이 사항

❶ 방 2(남편): 은퇴 후 뇌출혈 치료차 농가 주택 매입
❷ 방 1(부인), 방 2: 각 방 침대 수맥 차단
❸ 차단 후 식욕 증진, 운동 능력 향상

수맥 감정도

〈수맥 2개, 전체 수맥 1개, 교차 수맥 1개〉

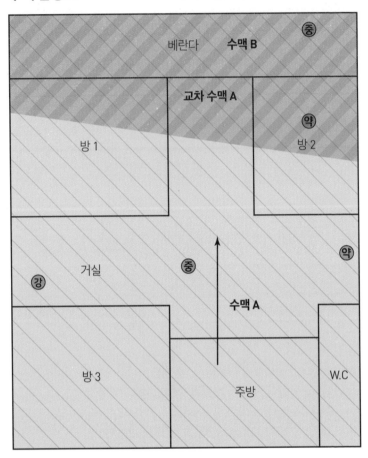

소유주: 임XX ㅣ 주소: 서울 강서구 양천로 ㅣ 감정 일시: 2018.8.6
아파트: 15층 ㅣ 평수: 34평 ㅣ 거주 기간: 14년

특이 사항

❶ 아파트 전체 수맥 A, 방 1, 방 2: 교차 수맥
❷ 방 2(부인): 심한 불면증 (수면제 17년간 상시 복용)
❸ 방 1, 방 2, 방 3 수맥 차단 3개월 후 수면제 끊음

수맥 감정도

〈전체 수맥 2개 , 전체 교차 수맥 1개〉

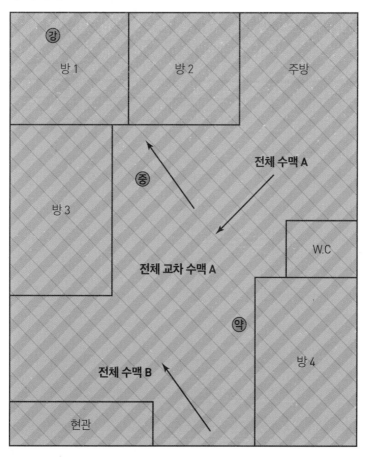

주소: 경기도 고양시 일산동구 ㅣ 감정 일시: 2001.4.27
단독 주택 ㅣ 평수: 40평 ㅣ 거주 기간: 15년

특이 사항

❶ 전체 수맥 2개(전체 교차 수맥)
❷ 방 1(부인): 불면증, 방 2(남편): 편두통
❸ 전체 수맥 차단 후 6개월 경과
❹ 남편 30년간 하루 3병씩 먹던 판피린 끊음
❺ 부인 하루 10알 복용 수면제 → 하루 2알로 줄임

수맥 감정도

<수맥 3개, 교차 수맥 2개>

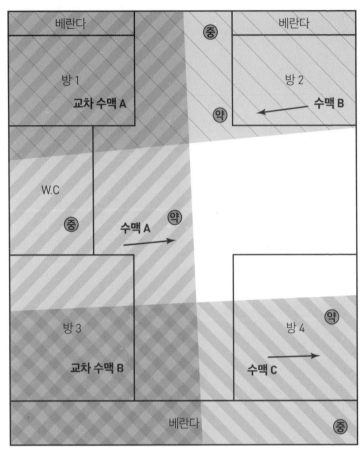

소유주: 배XX ㅣ 주소: 서울 성동구 사근동 ㅣ 감정 일시: 2007.3.5
아파트: 2층 ㅣ 평수: 38평 ㅣ 거주 기간: 11년

특이 사항

❶ 방 1(아들): 아침에 항상 늦게 일어남
❷ 방 3(부부): 항상 선잠 악몽, 자주 깨어남
❸ 각 방 침대 수맥 차단 후 아들 일찍 일어남
❹ 부부: 중간에 깨지 않고 숙면

수맥 감정도

<수맥 3개, 교차 수맥 2개>

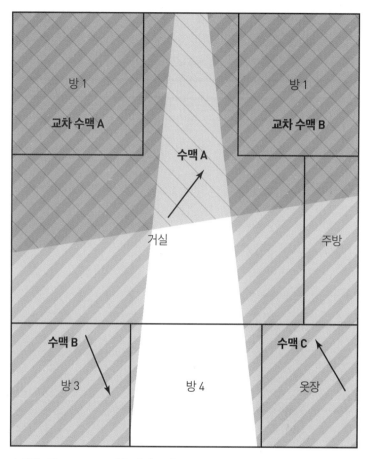

소유주: 김XX ㅣ 주소: 서울 강서구 화곡동 ㅣ 감정 일시: 2008.4.1
아파트: 7층 ㅣ 평수: 34평 ㅣ 거주 기간: 11년

특이 사항

❶ 방 1: 부부 수면 장애 → 방 4로 시험 취침 후 호전
❷ 방 3: 손자 2명 (2층 침대) → 기상 때마다 조부모 고생
❸ 방 1, 2, 3: 수맥 차단판 시공
❹ 방 1: 부부 수면 장애 개선, 방 3: 손자 2명 정시에 기상

수맥 감정도

〈수맥 3개, 전체 수맥 1개, 교차 수맥 2개〉

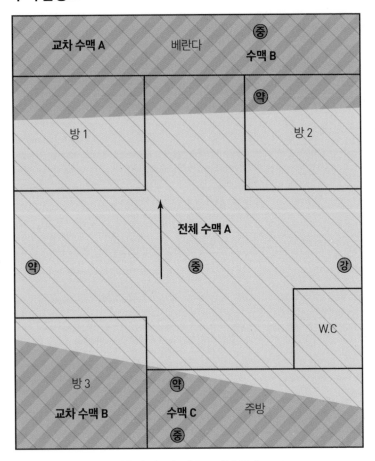

소유주: 엄XX ㅣ 주소: 서울 은평구 녹번동 ㅣ 감정 일시: 2020.11.5
아파트: 14층 ㅣ 평수: 32평 ㅣ 거주 기간: 6년

특이 사항

❶ 방 3(부부) → 방 2로 이동 취침, 숙면 확인
❷ 방 1, 방 2, 방 3 침대 수맥 차단
❸ 방 1(아들), 방 2(딸): 전보다 기상 후 피로 감소
❹ 방 3(부부): 부인 당뇨 수치 개선, 식욕 증가, 피로감 해소

수맥 감정도

〈수맥 4개, 교차 수맥 4개〉

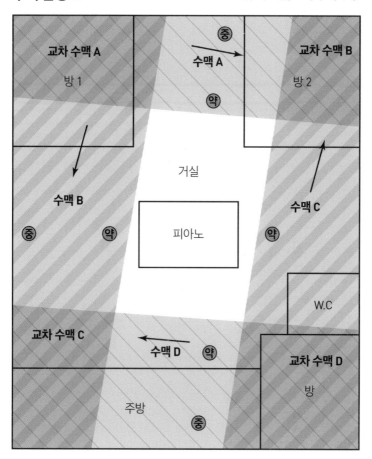

주소: 강원도 삼척시 남양동 ㅣ 감정 일시: 2005.11.18
아파트: 16층 ㅣ 평수: 32평 ㅣ 거주 기간: 9년

특이 사항

❶ 방 3(남편), 방 2(부인), 방 1(아들)
❷ 수맥 없는 피아노 부근에 시험 취침: 숙면 확인
❸ 전체 수맥 차단판 설치 공사: 모두 숙면
❹ 방 1(아들): 아토피 개선

수맥 감정도

〈수맥 5개, 교차 수맥 4개〉

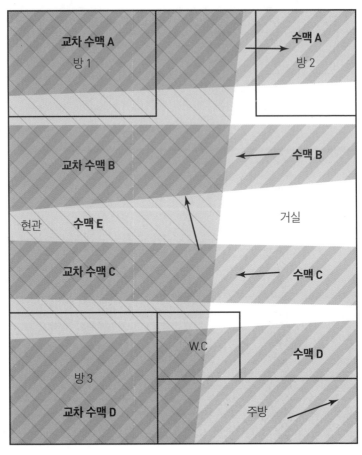

주소: 서울 강남구 도곡로 ㅣ 감정 일시: 2019.3.2
아파트: 15층 ㅣ 평수: 32평 ㅣ 거주 기간: 11년

특이 사항

❶ 방 1(노모): 좌골 신경통(진통제, 주사 의존)
❷ 방 3(부부): 짧은 수면 시간, 항상 피로감
❸ 각 방 수맥 차단 후 증상 호전
❹ 전세여서 전체 수맥 차단 공사 않고 이사 권유

수맥 감정도

〈수맥 2개, 교차 수맥 1개〉

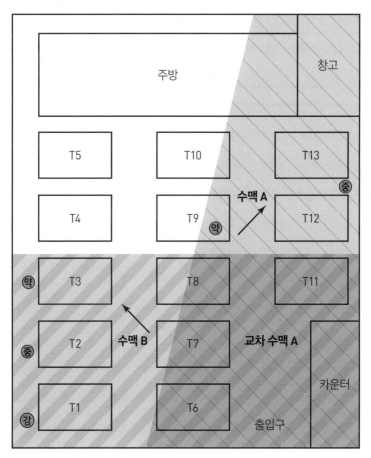

소유주: 박XX ㅣ 주소: 고양시 일산동구 ㅣ 감정 일시: 2005.11.8

상가(식당) ㅣ 평수: 50평 ㅣ 사용 기간: 8년

특이 사항

❶ T(테이블) 6, 7, 8, 11 교차 수맥 위치

❷ T(테이블) 1, 2, 3, 9, 10, 12, 13 단독 수맥 위치

❸ 수맥 있는 테이블 수맥 차단 방석 설치 후 일 매출 금액 증가 확인

수맥 감정도

〈수맥 2개, 교차 수맥 1개〉

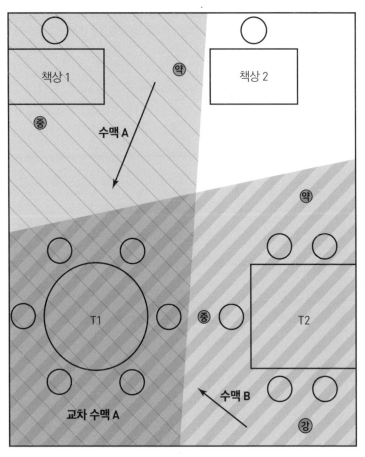

소유주: 이XX | 주소: 서울 양천구 목동 | 감정 일시: 2021.5.6
상가(부동산) | 평수: 8평 | 사용 기간: 11년

특이 사항

❶ T1(고객용 원형 테이블)을 책상 2 위치로 이동
❷ 이동 후 고객 편안해하고 매물 설명 진중하게 들음
❸ 효과 확인 후 전체 바닥 수맥 차단판 설치

수맥 감정도

〈수맥 2개, 교차 수맥 1개〉

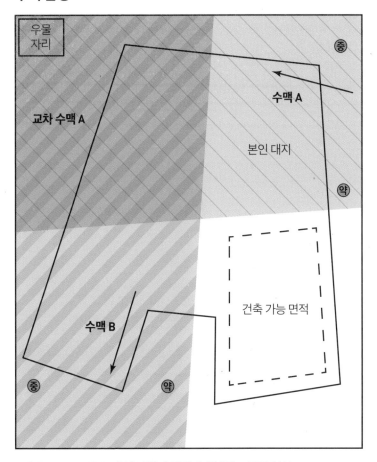

소유주: 고XX | 주소: 충남 아산시 영인면 신봉리 | 감정 일시: 2019.3.8
대지: 100평 | 평수: 750평

특이 사항

❶ 수맥 2, 교차 수맥 1 없는 건축 가능 면적 위치 안내

❷ 교차 수맥 강한 곳 우물 자리 지정

❸ 수맥 없는 건축 면적 부족 시 수맥 A, 수맥 B 부분을 보일러 호스 밑에
   수맥 차단판 설치법 제시

부록 2

수맥 바로 알기 20문 20답

1. **수맥은 무엇인가요?**

   지층을 따라 맥상으로 존재하는 지하수를 말하며, 수맥 위의 지상에 수직으로 나쁜 영향을 미친다.

2. **아파트 50층에서는 수맥의 영향을 받지 않을까요?**

   밑에 수맥이 있으면 그 피해는 콘크리트와 철근을 통과하여 1층이나 50층이나 똑같은 피해를 보게 된다.

3. **수맥 차단은 동판만 되나요?**

   원칙적으로 금, 은, 동, 알루미늄 모두 수맥 차단이 가능하지만 중요한 것은 그 순도가 최소한 99퍼센트 이상이어야 한다.

4. **아래층에 수맥 차단을 하면 그 위층은 괜찮은가요?**

   대부분은 괜찮으나, 수맥의 강도가 센 경우는 촛불 현상으로 가장자리 부분이 수맥에 노출될 수도 있다.

5. **촛불 현상이란 무엇인가요?**

   달걀의 가장자리 흰자처럼 수맥의 강도가 셀 때 수직으로 올라오던 수맥파가 수맥 차단판에 반사되어 휘어져서 촛불처럼 그 위층을 침범하는 현상이다.

6. **사무실과 상가도 수맥과 관계 있나요?**

   사무실에 수맥이 있으면 왠지 그 자리를 빨리 떠나고 싶
   어져 한곳에 충분히 머무르며 업무에 집중하기가 어렵
   고, 식당의 경우 손님들이 음식 맛을 제대로 못 느끼고
   불만이 많아진다.

7. **임산부는 수맥과 어떤 관계가 있나요?**

   난산, 유산, 기형아 출산율이 열 배 이상 증가한다는 보
   고가 있다. 임산부는 반드시 수맥이 없는 방에서 임신
   기간을 보내고 출산하여야 한다.

8. **학습 능력과 수맥은 관계가 있나요?**

   수맥은 학생의 집중력을 방해하고 주의를 산만하게 만
   들어 학습 능력을 현저히 떨어뜨린다.

9. **불임도 수맥과 관계가 있나요?**

   신혼부부가 몇 년이 지나도 임신이 되지 않고 병원에 진
   단받아도 아무 이상이 없는 경우 대부분 수맥이 원인이
   라고 봐도 무방하다.

10. **수맥 감정은 아무나 할 수 있나요?**

   체질적으로 수맥을 전혀 타지 않는 극소수의 사람을 제

외하고는 올바른 수맥 감정봉 사용법과 자세를 제대로 배운다면 대부분이 가능하다.

11. 「달마도」, 자석, 도자기 등이 수맥 차단이 되나요?

순도 99퍼센트 이상의 비철 금속의 원판만 가능하다.

12. 가장 좋은 수맥 차단법은 무엇인가요?

첫째, 수맥이 없는 집을 고르는 것. 둘째, 수맥이 없는 방에서 자는 것. 셋째, 효과가 확실한 수맥 차단판을 까는 것이다.

13. 인간의 활동 중 수맥의 피해를 많이 받는 것은 무엇입니까?

수면 상태이다. 그다음 집중력이 있어야 하는 학습, 연구, 사무 등이다.

14. 산소에 수맥이 없으면 명당인가요?

명당은 오렴(수렴, 화렴, 목렴, 풍렴, 충렴)을 피해야 한다. 수맥이 없다고 다 명당은 아니다.

15. 수맥 찾기와 지하수 찾기는 같은 것인가요?

같은 원리이다. 수맥의 깊이, 범위 등은 고도의 훈련이 필요하다.

16. 감정추로 탐사하면 수맥을 더 잘 찾을 수 있나요?

    그렇지 않다. 숙달되지 않으면 추는 모든 물체에 반응하기 때문에 착오가 발생할 소지가 크다.

17. 감정추를 가지고 수맥의 깊이, 성분, 용출량을 정확히 알 수 있나요?

    감정추 한 바퀴 도는데 몇 미터, 몇 톤 식으로 계산하는 것은 초능력이다. 가능한 사람도 있겠지만 보편적인 방법은 아니다.

18. 수맥은 사라지기도 하나요?

    마그마의 활동에 의한 지각 변동이 생겨 새로운 수맥대가 생기기도 하고 없어지기도 한다. 2~3년에 한 번씩 검사해 보는 게 가장 좋다.

19. 욕조의 물 위에서도 수맥 감정이 되나요?

    노출된 물은 수맥이 아니며 감정이 되지 않는다.

20. 한강에는 모두 수맥이 있나요?

    한강 바닥 아래의 수맥 존재 여부에 따라 있는 곳도 있고 없는 곳도 있다.

맺음말

뭐든지 내 마음대로 해야 하고 싫은 일은 안 하고 맞지 않는 소리를 하면 그냥 참지 못하는, 이제마 선생님과 같은 태양인 (금양인)인 나로서는 이 험난한 세상에 적응해 살아간다는 것이 무지무지하게 힘든 일이었다.

아직 일을 정리할 만큼 제대로 이룩한 것도 없고 내세울 만한 것도 없고 또 마음이 늙지도 않았지만, 세상엔 이런 사람도 있을 수 있다는 것을 이해해 주십사 하는 뜻과 나를 막연히 〈신기한, 특이한, 이상한 사람〉으로 생각하는 주위 사람들에게 나도 그렇게 보이고 그렇게 되기까지는 많은 고통과 세상과 나름대로 피 터지는 투쟁이 있었다는 걸 알리고 싶었다.

과거 이야기를 맺음말로 풀어놓게 된 것은, 이 모든 내 인생의 변곡점들이 모두 수맥 연구를 하는 마음가짐뿐 아니라 자세와 이어져 있기 때문이다. 그 변곡점이 된 에피소드 중 몇 가지를 들려주며 책을 마무리하고 싶다.

에피소드 1: 썩은 달걀 30알

대학 시절, 극단 〈자유극장〉에서 연출 공부를 하던 중 대학 신문사에 들어가게 되었다. 주 1회 8면을 제작하였는데 6개월의 수습 기간을 거쳐 문화부를 맡게 되었다. 당시 신문사 주간은 신문방송학과 O 교수였고, 간사는 M 선배가 맡고 있었다. 말이 대학 신문이지 학생 기자들의 자율적인 편집권은 거의 없었고 기획 단계에서 원고 채택까지 대부분 주간과 간사의 통제하에 있었다. 그때는 위수령이 발동되어 총검을 든 군인들 앞에서 머리에 깍지를 끼고 전쟁 포로처럼 캠퍼스 땅바닥에 엎드려 있다가 죄 없이 연행되던 야만의 시절이었다.

신문사 주간 O 교수와 갈등은 한 칼럼에서 시작되었던 것 같다. 신문 8면 중 유일하게 학생 기자가 기고할 수 있었던 〈상아탑〉이라는 칼럼에 내가 쓴 「달리는 말에 채찍질을 하지 말라」는 원고를 문제 삼았던 것이다. 별 내용도 아니었다. 우리나라 남자들은 당연히 국방 의무를 다해야 하고 대학생도 어차피 군대에 가는데 왜 신성한 캠퍼스에서 현역 군인들에게 군사 훈련을 받아야 하는지 잘 모르겠다는 내용, 그리고 달리는 말은 두 종류의 습성으로 나누어지는데 한 종류는 채찍으로 때려야 가는 아둔한 말이 있고 다른 한 종류는 채찍으로 때리면 반발심으로 잘 가지 않고 사람이 타면 알아서 스스로 잘 가는 현명한 말이 있으며 우리나라 대학생들은 후자에 속한다며 채찍질을 함부로 안 했으면 좋겠다는 내용이었다. 여러 압력이 있었지만 끝까지 버텨 내어 실을 수 있었다.

　그 후 유신 헌법이 선포되었으며 모든 언론은 사전 검열을 받아야 했다. 모든 신문은 각 면마다 〈유신 체제 지지하여 안정 사회 이룩하자〉라는 새끼손가락만한 표어를 의무적으로 넣어야 했으며, 그러지 않으면 신문을 발행할 수 없었다. 이해할 수 없는 상황을 지켜보자니 도저히 참을 수 없었던 나는 믿고 따르던 몇 명의 후배 기자들에게 나의 결심을 알렸다. 나중에 문제가 생기면 전적으로 나 혼자 벌인 일이라고 얘기하라 이르고는 결행했다. 『조선일보』 외간부에서 발행 준비 중이던 신문 8면에 놓여 있던 유신 체제 지지 표어 동판 여덟 개를 모두 수거하여 도망쳐 나왔던 것이다. 나중에 후배들에게 알아보니 신문은 표어가 빠진 채로 인쇄되어 모두 폐기하고 다시 발행하였고 학교와 학교 신문사는 발칵 뒤집혔다고 한다.

　며칠 후 집 근처에서 두 명의 괴한에게 잡혀, 남산 입구 파출소에서 인수인계되어 산길을 지나 〈우리는 음지에서 일하고 양지를 지향한다〉는 중앙정보부에 도착하였고 지하에 있는 6국(대공 담당)에서 조사를 받았다. 수사관의 첫 마디는 〈왜 O 교수 말을 안 듣느냐?〉였다. 그 말을 듣는 순간 가룟 유다가 생각났고 차라리 제자에게 배신당한 예수님이 부럽다는 생각이 들었다. 2박 3일 동안 여러 가지 형태의 고문과 회유를 겪다가 전기 고문을 하겠다는 순간 부끄럽게도 항복하고 말았다. 앞으로 O 교수의 말을 잘 듣겠으며 교련과 유신을 반대하는 어떠한 행위도 하지 않을 것이며 여기서 일어난 모든 일에 대해 함구하겠다는 각서를 쓰고 나서야 집에 데려다주었다.

그 후 10여 년의 세월이 흘러 부산에서 개인 사업을 할 때였다. 길에 있는 포스터 한 장이 눈에 들어왔다. 모교 교우회의 밤에 초청 강사로 O 교수가 온다는 내용이었다. 마음속에서 천둥 번개가 일어났다. 달걀 서른 개를 사서 공장에서 보름간 썩혔다. 대망의 교우회 날이 왔다. 〈이 인간이 썩은 달걀 세례를 맞으면 어떤 생각을 할까?〉

영도다리 위에서 검푸른 파도를 보며 한참을 생각하다 달걀 봉지를 바닷물 속으로 던졌다. 그는 유신정우회 국회 의원을 거쳐 모 연금 공단 이사장을 지낸 후 생을 마감했다.

에피소드 2: PX와 막걸리

1974년 1월, 용산역에서 야간 입영 열차를 탔다. 지옥 같았던 훈련소 생활을 마치고 충남에 있는 해안 경비 대대에 배치되었다. 배치된 지 한 달쯤 후 뜬금없이 PX 조수로 발령이 났다. 첫날 사수인 키 작은 병장이 시킨 대로 막걸리 독을 씻어 왔더니 두 말짜리 막걸리 독에 막걸리를 한 말 들이붓더니 물을 두 양동이 떠오라는 것이었다. 이상하다 생각했지만, 물을 떠 왔더니 물 한 말을 막걸리 독에 부으라는 것이었다.

순간 여러 가지 생각이 떠올랐다. 그러나 오래 망설이지 않았다. 〈물 못 타겠습니다〉라는 나의 말에 병장은 뭐 이런 미친놈이 다 있나 하는 표정으로 쳐다보더니 다시 타라고 말했다. 나도 다시 못 타겠다고 하자 얼굴이 붉으락푸르락하더니 자기가 막걸리 독에 물을 붓는 것이었다. 그러더니 엎드려 뻗쳐를 시키고 침대 목으로 엉덩이를 때리기 시작했다. 열 몇 대 정도 맞고 그날이 지나갔다. 다음 날 또 물을 타라고 했고 나는 거부했고 또 맞았다. 그렇게 여드레를 맞았다. 엉덩이는 이미 찢어져 바로 누워 잘 수도 없는 상태였다.

무슨 방법이 없을까, 이대로 맞다 죽기는 너무 억울했고 탈영하기엔 내가 당할 그 이후의 일이 너무 두려웠다. 그때 한 생각이 떠올랐다. 그래 대대장을 만나 보자, 그래도 육사 출신의 육군 중령 대대장은 뭐가 달라도 다를 것이며 육군 일병의 이 황당하고 어이없는 상황을 해결해 줄 것이라는 생각이 들었다. 군대 체계상 작대기 두 개인 일등병이 무궁화 두 개인 중령인 대대장을 만난다는 것이 1970년대 상황으로는 말도 안 되는 일이었지만 나는 직접 대대장을 만나야겠다는 생각에 용기를 내어 무작정 대대장 막사를 찾아갔다.

입구에 들어서니 부관실의 중위(PX 담당 부관)가 무슨 일이냐고 물었다. 나는 큰 소리로 〈충성! 대대장님께 용무 있어서 왔습니다!〉라고 반복했고, 황당해하는 중위의 〈내게 말해, 이 자식아!〉와 나의 〈대대장님께 용무 있어서 왔습니다!〉가 반복되자 안에서 〈들여보내!〉라는 대대장의 목소리가 들려왔다.

대대장실 문을 들어서자 대대장의 얼굴은 보이지 않고 중령 계급장이 크게 클로즈업되어 눈앞에 다가왔다. 가소롭다는 표정으로 묻는 〈무슨 일이야?〉라는 그의 말에 나는 이를 앙다물고 큰 소리로 〈막걸리에 물을 안 타게 해주십시오!〉라고 외쳤다.

잠시 침묵이 흘렀다. 나중에 생각해 본 이 침묵의 의미는 그의 〈황당함〉, 당돌한 일등병의 주장에 대한 〈쪽팔림〉, 혹은 그가 이 부패 사슬에 관계되었다면 〈조금의 양심에 찔림〉 등의 복합적인 감정이 교차한 순간이 아니었을까 싶다. 잠시 후 대대장은 〈알았어. 가봐〉라고 했고 나는 중위의 따가운 시선을 등 뒤로 하고 대대장실을 나오며 이제는 됐다고 안도했다.

나중에 알게 되었지만, 부패 사슬은 나의 사수 병장에서 선임 하사인 중사, 부관인 중위, 대대장으로 모두 연결돼 있었던 것 같았고, 파견 보안대 또한 간접 연결돼 있었던 것 같았다. 다음 날 오후 나의 사수인 병장을 PX에서 보직 해임한다는 인사 발령이 났고 나는 이제야 제대로 되어 간다고 생각했지만 그게 결코 끝이 아니란 사실을 깨닫는 데는 많은 시간이 걸리지 않았다.

병장은 내무반으로 쫓겨 갔으며 나 혼자 PX를 보게 되었고 이제는 살았다는 기분으로 열심히 장사했다. 막걸리 맛이 갑자기 좋아졌다는(물을 안 탔으니까) 병사들의 말이 그렇게 듣기 좋을 수가 없었다. 며칠 후 선임 하사인 중사가 막걸리 주전자를 새로 사 왔다. 다음 날 결산을 해보니 돈이 남는 것이었다. 이상해서 장부를 다시 점검해도 이상이 없었다. 문득 벽에 걸려 있는 일고여덟 개의 새 주전자가 왠지 수상하게 느껴져 살펴보았다.

별로 오래되지 않아 아직 멀쩡했던 주전자를 갑자기 바꾼 것도 이상했고, 아무래도 먼젓번 주전자와 뭔가 다른 것 같아 자세히 보니 한 되짜리가 아닌 9홉짜리의 더 작은 주전자였다. 기가 막혔다. 나의 대대장 면담으로 체면상 물을 못 타니 얄팍한 편법으로 돈을 보충하려는 수작을 부린 것이었다.

나는 군대 오면서 절대 백이나 돈으로 편한 부대에 가지 않겠다는 것과 절대 집에서 용돈을 부쳐달라고 하지 않겠다는 두 가지 결심을 했었는데 이 결심을 깨고 집에다 용도는 얘기하지도 않고 5천 원만 부쳐 달라고 했다.

우편환으로 도착한 돈을 우체국에서 찾아 시장에 가서 한 되짜리 새 주전자를 사 와서 모두 바꾸어 놓았다. 다음 날 그 사실을 안 중사의 〈뭐 저런 놈이 있나〉 하는 표정을 보며 속으로 웃었다. 며칠 후 중사가 잔뜩 술에 취해서 PX로 들어왔다. 그러더니 갑자기 화를 내며 벽과 주전자들을 주먹으로 내려치기 시작하는 것이다. 속으로 〈참 별 지랄도 다 한다〉 싶었지만 내색할 수는 없었다.

그런데 다음 날 장사를 마치고 결산하니 이상하게 또 돈이 남았다. 다시 장부 계산을 해도 돈이 남아 그 원인을 못 찾고 하루가 지났다. 이튿날 주전자가 찌그러져 있어, 또 새로 바꿔야 하나 생각하는 순간 머릿속에 어떤 생각이 퍼뜩 떠올랐다. 그랬다. 이 인간(?)이 주전자를 일부러 우그러뜨려 그 공간만큼 술이 안 들어가게 해놓은 것이었다.

정말 싫었다. 세상이 싫었다. 그날 저녁 장사를 마치고 나는 독에 남아 있던 거의 반 말가량의 막걸리를 몽땅 퍼마셔 버렸다. 도저히 참을 수 없었다. 아무도 없는 콘센트 막사 안에서 나는 조용히 군복을 벗었다. 벗어 놓은 군복 위에 지포 라이터용 휘발유 통을 들이붓고는 라이터를 켰다. 한순간 짧은 망설임이 지나갔지만 내가 얼마나 무모한 짓을 저지르고 있나 하는 냉정한 판단을 하기에는 나의 분노가 너무나 컸다. 라이터 불꽃이 휘발유를 뿌린 군복에 닿자마자 불길이 확 솟구쳐 올랐다. 불꽃을 바라보고 있자니 그제야 이런저런 생각이 들었다.

잠깐 온갖 생각이 스치고 지나간 듯하다. 탈영 이상의 중벌에 처하겠구나, 남한산성에 가서 맞아 죽을 수도 있겠구나 하는 등 온갖 생각이 잠깐 스치고 지나갔지만 별로 두렵지는 않았다. 오히려 이런 더러운 세상 죽은들 어떠하리 하는 배짱이 생겼다. 그때 왁자지껄하는 소리와 함께 문이 벌컥 열리며 주번 사령 대위와 소화기를 든 사병들이 달려왔고 내 뺨을 때리더니 불을 끄기 시작했다. 마침 대대장은 출타 중이었고, 나중에 안 사실이지만 그 주번 사령은 나의 대학 선배였고 그동안 나를 걱정스레 지켜보고 있었던 것이었다. 사병들을 모두 내보낸 후 그가 말했다.

「무엇이 옳은지 그른지를 따지기에 앞서 네가 살아남아야 네 뜻을 펼쳐볼 수 있지 않겠니. 가족과 장래를 위해서 좀 참고 맞춰 줘라. 이번 일은 내 선에서 처리해 주마.」

나는 아무 말도 할 수 없었다. 워낙 큰일을 저질러서인지 오히려 사건은 아무런 제재도 받지 않고 무마될 수 있었다. PX 보직도 유지해 주었다. 나는 〈좋다, 원하는 대로 해주마. 그래도 막걸리에 물은 못 타겠다, 너희가 돈을 원한다면 돈은 만들어 주마!〉라고 결심했다.

이전 사수였던 병장은 그 당시 최고급 사제담배였던 신탄진을 사 피우고 밤이면 개구멍을 빠져나가 부대 부근 작부 집에서 매일 PX 돈으로 술을 퍼마셨다. 나는 당시 정량이던 화랑 담배 반 갑만 피웠고, 한 푼도 개인적으로 쓰지 않고 선임하사에게 몽땅 갖다주었지만 물 탄 막걸리를 판매한 돈에는 한참 모자랐다.

어떡하면 좋을까 생각하다 안주를 새로 개발하기로 했다.

그 당시에는 막걸리 안주가 새우깡밖에 없었다. 시장에 나가 보니 노가리(명태의 새끼)가 눈에 띄어 새우깡 한 봉짓값으로 노가리를 다섯 개씩 구워 주고 취사병한테 부탁해 찍어 먹는 된장까지 같이 주었더니 막걸리 매출이 거의 두 배로 늘었다. 겨울에는 어묵을 끓여 새우깡 한 봉짓값에 세 개씩 안주로 팔았으며, 돈을 버는 족족 한 푼도 착복하지 않고 모조리 갖다주니 그 뒤로는 아무도 귀찮게 하지 않았다.

예비군 동원 훈련 날은 PX의 대목이었으며 PX 관계자들이 한몫씩 챙기는 날이기도 했다. 예비군들에게는 주전자 술뿐만 아니라 백도 통조림 빈 깡통에 잔술도 팔아 병사들에게 파는 금액의 두 배를 받았다. 막걸리가 맛있다고(물을 안 탔으니) 엄청나게 마셔대 밥도 못 먹고 자전거로 양조장을 몇 번씩 왕래해 가며 번 돈을 과자 상자에 넣어 갖다주니 선임 하사의 입이 귀에 걸리는 걸 보며 참 씁쓸한 생각이 들었다. 더는 내가 마시는 막걸리값을 계산하지 않게 되었고, 의무대에서 아파 누워 있는 일등병 동기들에게 백도 통조림 한 깡통 정도 갖다주는 융통성(?)도 발휘하게 되었다.

그즈음 부대에 물이 부족해 인근 농가에서 끌어다 쓰고 있었는데, 대학 다닐 때 공부했던 수맥 찾기가 생각나 버드나무 가지로 부대 안에 우물 자리를 찾아 우물을 파주었더니 포상 휴가를 보내 주었다. 그때부터 각 초소에 우물을 파주러 다녔고, 이후로 더는 아무도 나를 건드리지 않는 〈열외 병사〉가

되었다. 그렇게 1년 정도를 보냈고 우리 부대 막걸리는 맛있다고 소문이 나서 연대와 사단에서도 병에 담아 사 갔다.

나도 어느덧 선임 상병이 되었고 대대장이 그간의 공로를 생각해 아무 데나 가고 싶은 곳에 보내 주겠다고 하여 초소 탐방 때 보아 두었던 학암포를 택했고 그곳에서 제대할 때까지 군대 생활의 제2막을 시작하게 된다.

지금의 나라면 어떻게 했을까? 지금 돌이켜 생각해 보아도 〈나는 다시 그때로 돌아가도 절대로 막걸리에 물을 타지는 않을 것이다!〉라는 생각은 변함없다.

에피소드 3: 전직 대통령과 수맥 차단

지금은 수감 생활을 끝내고 사면받은 전직 대통령이 모 지역 시장 임기를 마치고 대선에 출마하기 전 수맥을 감정해 달라는 의뢰를 했다. 논현동 사저를 개보수하는 데 수맥의 존재 여부가 궁금하다는 것이었다. 감정 결과 주택과 정원의 90퍼센트 이상에 강한 수맥대가 흘렀고 특히 주택에는 두 개의 교차 수맥이 있었다.

2층 양옥으로, 1층의 수맥을 차단해도 2층 일부가 수맥의 촛불 현상으로 수맥 영향권에 있었다. 1, 2층 전체에 수맥 차단판을 설치하기로 했다. 수맥 차단 공사를 하면서 왠지 공사비를 더 받아야 할 것 같은 생각이 들었다. 공사를 끝내고 조금 더 받은 금액을 포함한 수익금과 한양대학교 미래인재교육원 「수맥과 팔체질」 총 동문회 회원들의 기부금을 모아서 의왕시에 있는 모 요양원 방 여덟 곳에 수맥 차단을 해드렸다.

또 다른 전직 대통령은 사람 내음 나는 인간미 넘치는 분이었지만 푼돈(?)을 잘못 받아 수사를 받던 중 투신하였다. 봉하마을에 가서 수맥을 봐 드리고 싶은 마음을 갖고 있었는데 미루고 있다가 비극적인 소식을 듣게 되었다. 우울증이 생겼다는 소식을 들었을 때 빨리 내려가 수맥을 확인해 차단해 드렸다면, 돌아가시지 않을 수도 있지 않았을까 하는 자괴감이 지금까지 이어지고 있다. 역사적인 평가는 후대에 이루어지겠지만 범죄자로 확정된 전직 대통령은 수맥 차단을 해주었고, 유무죄 판결을 받아 보지 못한 또 한 분의 전직 대통령은 수맥 차단을 못 해드렸으니 이 또한 인생의 아이러니가 아닐 수 없다.

감사의 말

책이 나오기까지 내 삶을 지탱해 준 최선주와 항상 마음속에 같이 있는 장이정, 청소년 시절부터 함께 고락을 같이한 부산 〈동광초등학교〉 동무들과 부산 〈경남중고등학교〉 친구들, 격동의 20대를 함께한 서울 〈고대신문사〉 동기와 후배들의 모임인 〈탁족회〉 멤버들과 나를 아는 모든 분께 고맙고 사랑한다는 말을 전한다.

학문의 터를 제공해 주신 한양대학교 미래인재교육원 교직원 일동과 「수맥과 팔체질」과정 총 동문회를 이끌어 오며 도와주고 저의 부족한 부분을 메꾸어 주신 나한영(6기) 명예회장님, 김영회(14기), 김재원(17기) 전 회장님과 윤택(22기) 고문님, 전동건(24기) 현 회장님, 김태종(16기), 이선호(29기), 조철호(30기), 조영호(31기), 김종미(32기) 부회장님, 이화섭(32기) 감사님, 김문태(10기) 사무총장님, 이금수(32기) 총무

국장님께도 각별한 감사의 뜻을 전하며, 짧은 기간 목표점에 도달시킬 욕심으로 본의 아니게 강행한 스파르타식 교육을 이해하고 잘 따라 주신 한양대학교 미래인재교육원「수맥과 팔체질」과정 수료생 600여 분들께도 진심으로 감사드린다.

졸저를 세상에 빛 보게 해준 열린책들의 홍지웅 대표님과 편집부에도 감사의 뜻을 전하며, 출판사 시절부터 편집을 같이하며 이번 출간을 함께해 준 옥동선 님과 삽화 및 디자인을 도와준 ㈜위찬의 유수빈 님에게도 매우 고마운 마음 전한다.

한국수맥연구협회

1985년 설립된 한국수맥연구협회는 수맥학 교육 시스템의 확립과 과학적 입증, 공인받는 학문으로 가기 위한 연구를 위해 지속적인 노력을 해왔다.

경제성 있는 〈지하수 개발법〉과 장수와 건강을 위한 〈수맥 차단법〉도 주요 연구 대상이었다. 수맥 차단이 되지 않는 소위 엉터리 수맥 차단재도 검증하고 분석하였다.

2004년부터 한양대학교 미래인재교육원(전 사회교육원)에서 「수맥과 팔체질」 과정을 설립한다. 18년간 600여 명의 수강생을 배출하여 학문의 토대를 닦아 왔다.

한양대학교 수료생들의 모임인 총 동문회와 힘을 모아 노인 요양원의 숙소에 수맥 차단을 해드리는 봉사를 해왔다. 오랜 연구와 시험 끝에 차단 효과가 확실하고 저렴한 수맥 차단 제품들을 〈수맥방패〉란 브랜드로 수맥 차단 매트, 수맥 차단 패드(베개용), 수맥 차단 방석(의자, 차량용), 수맥 차단 인솔(신발 깔창)을 개발하였고 수맥 차단 깔개(주방용)와 기타 관련 제품도 곧 개발 완료 예정이다.

〈사회적 기업〉을 설립하여 수익금의 많은 부분을 노인 복지 사업에 쓸 계획이며, 정규 대학 과정에 〈수맥학과〉가 생길 때까지 가칭 〈한국수맥대학〉을 설립하여 후학을 양성하고 〈수맥학과〉 설립에 대비할 예정이다.

문의 02-3461-1982

팔체질건강연구회

〈동무 이제마〉 선생께서 『동의수세보원』을 통해 세계 의학계에 큰 획을 그으시며 개인별 맞춤 섭생법과 치료법을 창시하셨다. 그러나 안타깝게도 체질 감별법을 저술에 남기지 않으셔서 위대한 학문의 마침표를 찍지 못하셨다.

그 결과 한의원마다 개개인에 대한 체질 감별이 달라서 국민 건강과 한의학 발전에 큰 걸림돌이 되는 현실이다.

1996년 설립된 〈팔체질건강연구회〉에서는 팔체질의 창시자이신 권도원 박사님, 오링 테스트를 통한 체질 감별법의 효시이신 이명복 교수님의 연구를 바탕 삼고 발전시켜 〈6단계 체질 감별법〉을 만들게 되었고, 그간 3만여 명 이상의 체질 감별을 통해 오진율을 최소화할 수 있었다.

개인의 체질에 맞는 식사와 건강식품을 찾아 섭취해서 100세 건강 시대를 열기 위해 가칭 〈나의 체질식 한 끼〉를 오랜 체험과 연구 끝에 개발 중이다. 〈태양 체질식〉, 〈소양 체질식〉, 〈태음 체질식〉, 〈소음 체질식〉을 정확한 체질 감별 후 보급할 예정이다. 면역력 강화, 다이어트, 노화 방지에 큰 효과가 있으리라 확신한다.

역시 〈사회적 기업〉을 설립하여 수익금의 많은 부분을 보육원과 〈보호 종료 아동〉을 돕는 데 쓸 것이다.

문의 02-3461-1983

한양대학교 미래인재교육원

「수맥과 팔체질」 과정 강좌

교육 목표: 〈수맥 과정〉에서는 정확한 수맥 감정법을 배워 인체에 유해한 수맥파를 차단하고 면역력을 강화해 건강을 유지하고 지하 수맥을 용출시켜 인간 생활에 필요한 지하수를 확보한다. 〈팔체질 과정〉에서는 정확한 팔체질 감별법을 배워 내게 맞는 색깔의 옷을 입고 내게 유익한 식품을 선별하여 섭취함으로써 100세 건강 시대를 열어 가는 〈삼위일체 건강법〉을 연구하고 공부한다.

강사	장병식(章怲植)
	한양대학교 미래인재교육원 겸임 교수
	한국수맥연구협회 회장
	팔체질건강연구회 회장
장소	한양대학교 본교 미래인재교육원 108동
강의 기간	총 12주(16회)
봄 학기	3월 둘째 주 화요일 오후 5시 30분~8시30분
가을 학기	9월 둘째 주 화요일 오후 5시30분~8시30분
	〈학교 12회, 주말 수맥 실습 4회, 16회 총 12주〉

* 수맥 감정법과 팔체질 감별법을 실기 위주로 공부합니다.
* 유튜브에서 〈장병식 교수〉, 〈생활 수맥〉, 〈팔체질 건강법〉 (대통인학술원, 마을생활전파소)을 검색하면 됩니다.

문의 02-3461-1982~3

지은이

장병식 한양대학교 미래인재교육원 겸임 교수. 부산에서 출생하여 동광초등학교와 경남중고등학교를 졸업하고 고려대학교 농업경제학과를 중퇴하였다. 극단 〈자유극장〉에서 연출 공부를 하였고, 고대신문사에서 학생 기자로 3여 년간 활동하였다. 육군 보병으로 만기 제대 후 부산에서 외항 선박 수리 공장을 10년간 경영하다 상경하여 4년간 요식업에 종사하였으며, 도서 출판 〈한나라〉를 설립하여 15년간 80여 종의 서적을 출간하였다. 〈한국수맥연구협회〉와 〈팔체질건강연구회〉를 설립하여 수맥과 팔체질에 관한 연구와 강연을 하던 중 한양대학교 미래인재교육원에서 「수맥과 팔체질」 과정 강의를 시작하여 18년 (34기)째 계속 이어 가고 있다.

짱 교수의 바로 아는 수맥이야기

지은이 장병식 **발행인** 홍예빈·홍유진
발행처 사람의집(열린책들) **주소** 경기도 파주시 문발로 253 파주출판도시
대표전화 031-955-4000 **팩스** 031-955-4004
홈페이지 www.openbooks.co.kr **email** webmaster@openbooks.co.kr
Copyright (C) 장병식, 2023, *Printed in Korea.*
ISBN 978-89-329-2310-9 03180 **발행일** 2023년 1월 30일 초판 1쇄